誰でも筋肉とメンタルは強くなる

最強パワーエール

筋トレで人生の主人公を取り戻す31日

日本体育大学教授
岡田隆

MICRO MAGAZINE

はじめに

あなたを成功に導くパワーエール

はじめましての方も、そうでない方も、こんにちは。岡田隆です。

このたびは、数ある書籍のなかから本書を手に取っていただき、ありがとうございます。この本を手に取られたということは、私をすでにご存じか、興味を持ってくださった方、あるいは表紙を見て「背中を押してほしい！」「喝（活）を入れてほしい！」と思われた方が大半ではないかと思います。

本書は、「体づくりをしたい（筋肉をつけたい、痩せたい）」「自分を変えたい」と思っている皆さんに、**その道の専門家である私が、筋トレやダイエットにまつわる正しい知識や真実をお伝えするとともに、モチベーションをグッと高め、そして成功へと導くための金言＝パワーエールをまとめたものです。**

現代はインターネットの普及に伴い、たくさんの情報が簡単に手に入るようになりました。わざわざ専門書を引っ張り出す必要がなくなったのはよいことですが、情報源が不明瞭で信憑性に欠けるケースも非常に多くあります。

人は無限に広がる情報の荒野のなかで、ラクに痩せられるとか、簡単に筋肉をつけることができるとかといった方法論に、甘い蜜のように惹きつけられてしまいやすいものです。

大前提として、筋トレやダイエットはラクばかりしていたら成果は得られない。これこそ、日本体育大学で筋肉にまつわるさまざまな研究活動を行う傍らで、筋トレや減量といったボディメイクを自ら実践してきた私がつかんだ真実です。根拠のない〝マユツバ〟情報に惑わされ、誤情報を平気で流すメディアの養分に成り下がってはいけません。

また、筋トレやダイエットを成功させるためには、正しい知識を手に入れることに加えて、甘い考えを捨て去り、目標に向かって突き進むことが大切。そのためには、メンタル強化が欠かせません。そこで、目標に到

達するための強固かつしなやかなメンタルを獲得するための術についても、私なりの言葉でお伝えしていきます。

本書は3部構成です。

第1章では、たまらず筋トレをしたくなるような心の鍛え方とモチベーションの高め方、そして筋トレをすることで心に活力が湧く考え方についてご紹介します。

第2章では、運動を行うメリットや、運動をしないことで生じるデメリットを、科学的根拠を交えながら解説していきます。筋トレせずにはいられなくなるでしょう。

そして第3章では、ちまたにあふれ返っている誤解を招きやすい情報や明らかな嘘、あるいは多くの人が惹きつけられる誘惑の罠について、その真実をお伝えします。やはり筋トレしたくなるでしょう。

巻末特典として、バズーカ岡田と共にトレーニングができる31日の日めく

りカレンダーを付けました。鍛錬を繰り返し、自分を進化させましょう！

科学的根拠や実体験を交えながら伝える言葉が、時には心に寄り添い、そして時には喝となることで、同じ目標に向かう皆さんの背中を押せますように。

私なりの珠玉のパワーエール、受け取ってください。

最強パワーエール　誰でも筋肉とメンタルは強くなる　筋トレで人生の主人公を取り戻す31日

目次

第1章

心に突き刺さるパワーワード

岡田式メンタル強化メソッド

BAZOOOOKA砲!!

1

心を燃やせ!
自分で覚悟のスイッチを押す!
一歩の努力が自分を変える

4年ぶりにボディビルの大会に出場した2022年は、私のSNSにもボディビル関連の投稿が増え、うれしいことに多くの方が反応してくれました。その反応には、「忙しいのにどうやって筋トレの時間を捻出しているんですか?」「病気をした後なのに、すごいですね」など、〝共感〟のようなものもありました。困難やトラブルを抱えていたけれど、私の活動で、勇気をもらったという人が多いのだなと感じたものです。

私は2021年2月から、2ヵ月ほどの入院生活を余儀なくされました。最初の1～2週間は食事がまったく喉を通らず、筋量や体力は激減。75～76㎏だった体重は、あっという間に69㎏まで落ち込みました。到底大会に出られるような状態ではなく……。それでも、もう一度体をつくり直すと決め、翌年にはステージに立つことができました。しかも、過去の自分をはるかに超える体をつくることができたと自負しています。

再び這い上がれた原動力は何かといえば、強い気持ちにほかなりません。大会に出ていなかった3年の間に筋トレの方法を変えたことで、筋肉の形が変わり、確実に成長しているという確信がありました。だからこそ、極限まで脂肪を削ぎ落として仕上がった体を見るまでは、絶対に死ねないと思って。自分なりの努力の結果をどうしても確かめたかったんです。

「必ず大会に出る」という強い気持ちに突き動かされ、やると決めて一歩を踏み出したら、体はそれに応えてくれました。2ヵ月とはいえ、そのブランクを埋めるのはつらかったけれど、再び体が成長していると実感できたんだ！　やればやった分だけ、翌週には強くなれているから、筋トレが楽しくて仕方なかったよ。

大切なのは一歩踏み出す勇気。強い気持ちがあれば努力でき、努力できれば人は必ず変わる。どん底からでもできる。みんなもできる。私がその証明だ。

強い気持ちが自分を突き動かす。
そして、努力できれば人は必ず変わる。
変われない人はいない。

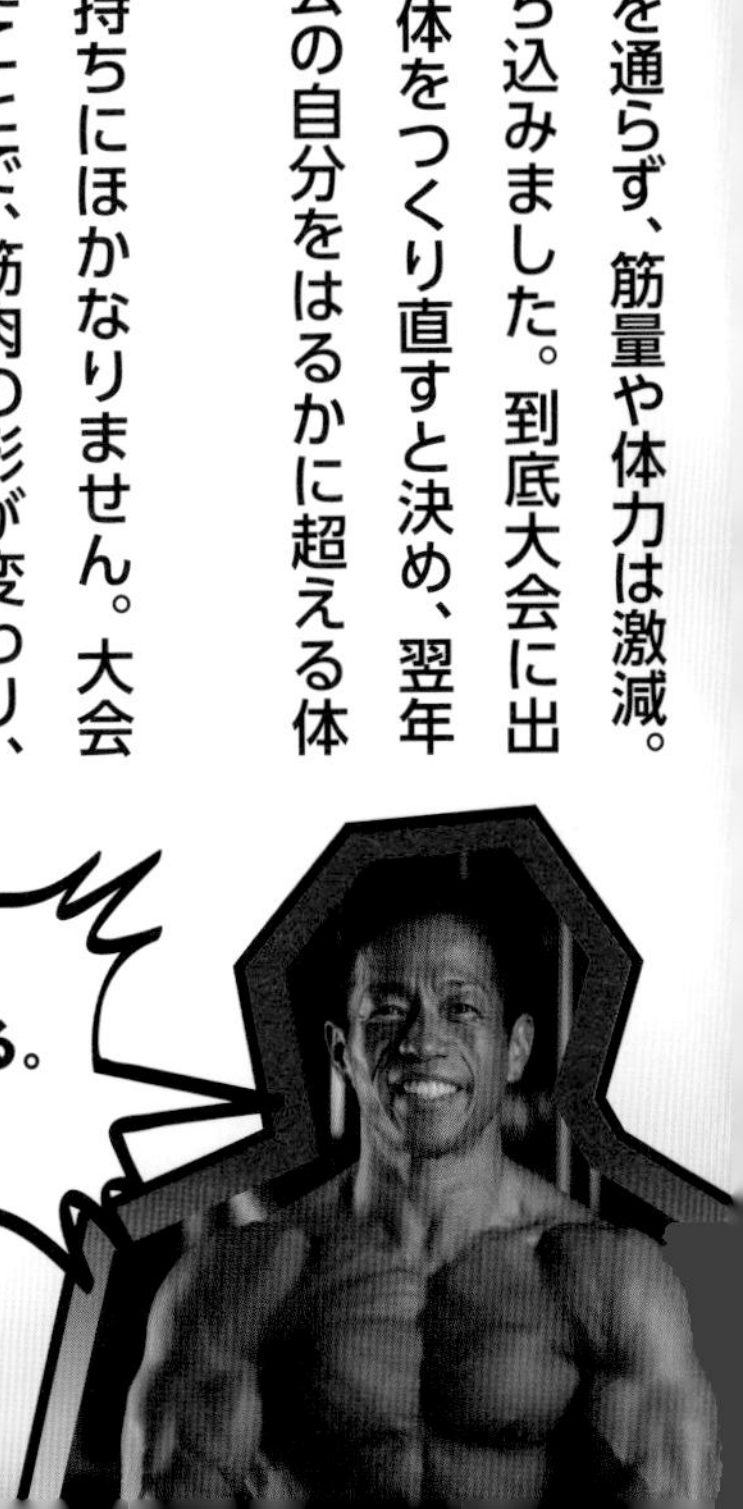

BAZOOOOKA砲!! 2

ありのままの自分を認め目標の解像度を上げる！なりてえもんちゃんと見ろ！

ステージに立った者にしかなれない体があります。これは私自身が痛感していることです。

私はボディビルの大会に出るようになって、まだ10年もたっていません。それまでも筋トレはしていましたが、今のような体つきではなかったし、なろうとも思っていませんでした。

けれども、いざボディビル挑戦を決めたら、人は考えるんですよ。トップ選手を見て「あんな体にならなきゃ」って。そして自分の体がいかに普通かって。するとマインドブロックが外れ、「別世界の話だから関係ない」とはならなくなる。〝自分事〟になって初めて、トレーニングや食事が変わり、体が変わっていくんです。

たとえば、柔道では人と組んで練習をします。それがラクに勝てる相手なのか、互角の相手なのか、なかなか勝てない相手なのかで、稽古の価値は変わります。筋トレも一緒。1kgでも、1回でも増やしていかなければ、成長は望めません。挑戦することで目標設定のレベルが明確となり、かつ高くなる。そして日々のトレーニングで成功体験を重ねていくのです。

とはいえ、高すぎる目標設定だけでは無謀というもの。大会に出たけれどすべて予選落ち、では精神的にキツい。頑張れば達成可能な目標設定というのも成長のカギ。順位という成功をつかめると、トレーニングや減量が楽しくなりますよ。

ダメなのは、目標がボヤけていることなんだ。ボディメイクをしている人なら「どんな体つきが理想ですか」と聞かれ、選手の名前や画像がスッと出てくるのが理想。それは今の自分と大きくかけ離れていても構わない。「こういう体になりたい」という具体的なイメージが描けていることが重要だ！　**目標の解像度が高いと、必然的に何をしなければならないかがハッキリしてくるはずだ。**

さあ、きみがなりたいのは、どんな体だい？

どんなすごいビルダーも、最初は普通の体。
そこから諦めず、一歩ずつ努力しただけ。
コツは「高いレベルへの挑戦」だ。

BAZOOOOKA砲!!

3

DNAは未だサバンナ
体を動かし心をハックすべし!

人間の生活が急激にオートメーション化し、座っていても仕事ができる時代になったことで、運動量は激減しました。けれども、動物は体を動かすように何億年もかけてゆっくりと進化してきたので、人類の体はそれに対応していません。

ずっとそうやって生きてきたのですから、100年やそこらで変わるはずがないのです。我々のDNAは、人類が未だサバンナにいると思っています。いつほかの動物に捕食されるかわからず、食料にありつけなければ死ぬという感覚。だから知らない人を怪しんで見てしまうし、脂肪を体に溜め飢餓に備えようとします。

運動すると腹が減り、メシを食うとうまいと感じる。そして疲れたら寝る。人類は数百万年もの間、このリズムで生きてきました。**運動は、我々が考えている以上に人間にとって本質的であり、体のリズムをつくる重要な要素なのです。**

ただ、筋トレができないくらいつらいときもありますよね？ そのときに、暴飲暴食に逃げるとドツボにはまります。苦痛からは一時的に解放されるかもしれませんが、消化・吸収にエネルギーを持っていかれるだけでなく、内臓に負担がかかり、睡眠の質も落ちる。翌日に元気が戻るはずありません。パフォーマンスが下がるのは明らか。忙しくてどうしても筋トレができない日は、潔く体を休める時間に充て、翌日のトレーニングレベルを上げるほうに全振りしてみるんだ。あるいは、筋トレする気力はないけれど、タンニング（日焼け）はできそうだなというときには、日焼けサロンまで歩く。そうすると、歩き終わった後はやっぱり気分が良くなる。**動くってすごく大事なことであり、心を整える行為。**

筋トレができないのなら、好きな音楽を聞きながら歩くだけでもいい。そうすれば腹は減る。栄養豊富な食事を食し、幸せになり、心地よく眠る。そのリズムがメンタルをよりよい状態にハックするんだ！

我々が思う以上に運動は生存の本質で、
体のリズムをつくる重要な要素。
動いて、心身を整えろ！

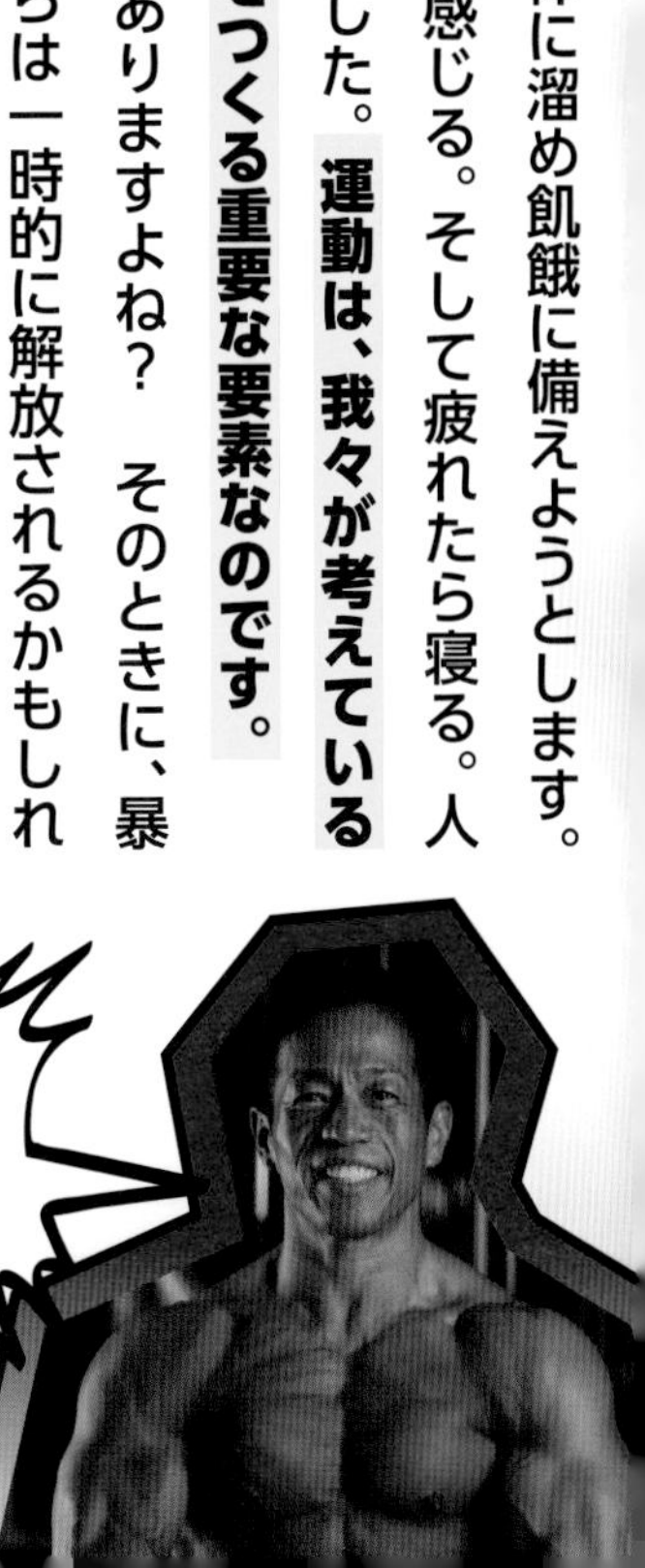

BAZOOOOKA砲!!

4

信じる心1つで人は強くなれる

「今日はやりたくない」という気分の日のトレーニングは、いつもの重量がやけに重く感じる――これは〝トレーニー（筋トレをしている人）あるある〟です。誰でも、気持ちが落ち込み、憂鬱なときは、何もやる気が起こらなかったり、何をやってもうまくいかなかったりします。反対に、やる気に満ちているときは高い集中力が降臨し、仕事や勉強もはかどるもの。トレーニングならば、ウエイトを軽く感じ、挙上重量更新のまたとないチャンスです。

ここまで来れば、どういう心の持ちようで鉄の塊に挑むことが自分の成長につながるのかは、言うに及ばないでしょう。限りある人生、どうせ鍛えるのなら、少しでも早く成長できたほうがいい。

そのためには、前向きな気持ちで取り組む。「面倒臭い」「憂鬱」と思って、嫌々トレーニングに臨み、時間を費やした割に得られるゲインが少ないなんて、これほど無駄なことはない。いや、むしろ体力と時間を奪われるだけだから、マイナスでしかない。私はボディビルの大会でも、このことを学びました。バックステージで見る選手たちの肉体はどれも素晴らしく、ついつい自分の体と比べてしまい、「自分はダメなんじゃないか」と鬱々とした気持ちになる。本当にダメなのは、この思考！　「勝てるわけがない」というネガティブモードが、ステージ上での振る舞いやポージングのレベルを下げてしまうんだ。ライバルの体を見て、勝手に弱気になって、不安になって、自ら評価を下げるなんて、馬鹿馬鹿しい。晴れの舞台に立つまでに、自分が一体どれだけの努力をしてきたのか、どうか思い出してください。そして胸を張り、堂々と振る舞ってほしい。

自分の行動を決めるのは心です。行動によって、成長できるかどうかを決めるのも自分です。成功はコントロールできないが、成長はコントロールできる！ポジティブ思考で成長と結果を手に入れよう！

ネガティブ思考は自分の価値を下げる。
同じことをやるなら、
ポジティブ思考が圧倒的に有利！

BAZOOOOKA砲!!

5

偉大なる自然は太古からのジム

有酸素運動は、体脂肪が落ちるのはもちろんですが、そのほかにも持久力が高まったり、呼吸循環器系(心臓、血管、肺)を健康にしたりと、プラスしかありません。それでも「有酸素運動は筋肉を減らしてしまう」という誤解から、取り入れることを恐れるトレーニーも多くいます。

たとえそうだとしても、それを補ってあまりあるメリットがあるので、**有酸素運動はやったほうがいいというのが私の考え。大丈夫、ちゃんと筋トレしていれば落ちません。**

ちゃんと、というのがミソです。体力や気力には限りがあり、有酸素運動に体力と気力を割《さ》けば、これまでより少ない体力と気力で筋トレをすることになります。それだと筋トレの質や強度が下がり、結果として成果も下がるから、筋肉が減ってしまうのです。心にスイッチが入っていれば、そうはなりません。有酸素運動で筋肉が減るのは、有酸素運動をやることで筋トレの質や強度が下がるような、生っちょろい気持ちだからです。

私もかつて、筋トレ後にトレッドミルの傾斜をMAXにして1時間、超高速のウォーキングをしていました。絞れるけどマジで苦行。憂鬱すぎました……。

それが一転、2022年は有酸素運動にドハマり。きっかけは、部活の学生たちと山絞りをするようになったことです。ボディビルシーズン真っただ中の夏休みには、何度登ったかわかりませんが、飽きることなく未だに山へ行く日はウキウキする自分がいます。頂上に到達したときの達成感は、1時間のトレッドミルを歩き終えたという達成感とはまっっったくの別物。見晴らしも最高ですしね。

気持ちが入っているときであれば、**山絞り有酸素運動の気分転換効果が、筋トレの質を高めてさえくれます。**有酸素運動にデメリットはなく、むしろ健康的なメリットがとても高いですから、皆さんもぜひ取り入れてみるべし！

退屈で憂鬱な有酸素運動。
だが、そのメリットは計り知れない！
楽しくやれる方法を模索しろ！　山で絞れ！

BAZOOOOKA砲!!

6 心涼しきは無敵なり

実は最近、瞑想に興味を持っています。なぜかというと、世の中で起こっていることはすべて受け取り手次第、という結論にたどり着いたから。

仕事上のトラブルや煩わしい人間関係など、生きているとさまざまな面倒事があります。私自身、種々のトラブルに見舞われ、辟易とすることも嫌というほど経験しました。ただ、トラブルも数をこなすとだんだん慣れます。昔ならヘコんでいたことも、ちょっとやそっとじゃヘコまなくなるんです。

面倒事なのは事実なので、変わったとすれば受け取り手の心（図太くなった、ともいえますが）。つまり、「自分がどう感じるか」がすべてであり、**受け取り手の心が最強になれば、最強の生き方ができる。**そして、そのためには瞑想で外界の情報を遮断し、自分の呼吸や体の各パーツに意識を向けること、自分の心にフォーカスすることが大事だろ！　と考えたわけです。

瞑想に限らず、深呼吸でもいい。深い呼吸は自分の体への気づきが増えます。有酸素運動として山で絞ることの楽しさを伝えましたが、山に行くと空気がいいから、自然と深呼吸がしたくなってしまう。行けば絶対にわかる。そうすると「息ってこんなに吸えるんだ、普段どんだけ浅かったんだ」と気づかされる。それもまた自分を知ることなんだ。祈ることもそう。私は特段、信仰心があるわけではないですが、登頂の達成感も相まって、登山中に寺社や祠《ほこら》を見つけると、なぜかお礼をしたい気持ちになり、賽銭を納めています。この行為が、また心を整えてくれます。大会前最後の山絞りでは、山に対して「これまで鍛えてくれて、ありがとうございました」という感謝の念が自然に芽生えていたほど。

自分の心に向き合う時間や心が洗われる体験はとても貴重。そんな時間をつくって、周囲に振り回されることのない最強にブレない心を獲得しよう！

自分自身にフォーカスせよ。
外界を遮断すれば心が整い、
最強に楽な生き方ができるぞ！

BAZOOOOKA砲!!

7 仲間がお前を鍛えてくれる

ひとりではできないことも、仲間がいればできることはたくさんあります。たとえば、先ほどからたびたび話題にしている有酸素運動を兼ねた山絞り。2022年は何度もアタックしており、その在り方は進化し続けています。

最初のきっかけは家族。**多感な子どもに与えるなら刺激はフェイク（＝人工物）じゃなくてリアル（＝自然物）**だと、山遊びへ出かけたのがそもそもです。2021年初頭に患った病気から回復する最中にあった私は、体がどんどん強くなっていく実感がありました。そんな私に負けじとガンガン登っていた我が子は脚力がついたようで、かけっこで1位をとっていました。山、すげぇ……。

こうして山の強烈な魅力を実感し始めた頃、日体大ボディビル部のある学生が、山に登ったとしばしばSNSに上げていたんです。同志を見つけたら、話は早い。「一緒に山で絞ろうぜ！」と大会挑戦を控える学生に声をかけ、山絞りが恒例化しました。これには想像以上のメリットがありましたよ。

私も学生も忙しく、日常のなかで取りとめのない話をする時間はありません。でも、数時間かけての山行が、学生との会話の時間になった。**絞りながらコミュニケーションも深められるなんて最高でしょ！** 以前は一緒に筋トレをすることでチームビルディングのようなことをしていましたが、コロナ禍ではそれも大変。そこで私は、山絞りをチームビルディングの一環と捉えるようになっていきました。ボディビルディング＝ハートビルディング＝ライフビルディング。

それに、仲間がいると、「次の山は何日の何時ね」と約束すれば、確実に実行されます。筋トレもそうですが、ひとりだと「今日はやめとこう」と妥協できてしまいますが、皆で決めたら、やるしかない。**自分の心ひとつで決まらないことがあるのは、実はとても大事な心の調整要素。厳しくも優しい心強い仲間、つくろうぜ！**

甘えを許さない仲間の存在が、
己の心をさらに鍛え上げる。
厳しさは、優しさである。

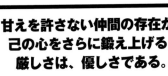

BAZOOOOKA砲!!

8

高重量という恐怖に立ち向かう勇気を持て!

スクワットが〝キング・オブ・エクササイズ〟といわれる理由はさまざまありますが、高重量を扱う場合に、これほどまでに恐怖がつきまとう種目はないという点も、キングたるゆえんだと私は思っています。

考えてみてください。自分の体重よりはるかに重いバーベルを担ぐわけです。一瞬でも気を抜けば、バーベルに押し潰される可能性はゼロではありません。**スクワットの場合は絶対値として高重量を扱える分、その恐怖たるや、まさに死と**

隣り合わせ。大げさではなく、我々はスクワットに命を賭《と》しており、心と筋肉で恐怖に打ち勝ったときに初めて成長を手に入れることができるのです。

そういう意味でも、高重量に立ち向かう勇気があるかどうかがとても大事なことなんだ。弱気で取りかかっても、高重量の恐怖には打ち勝てないぞ。強い気持ちがなければ絶対に無理！　気持ちをつくっていくところから勝負は始まっている。

たとえば柔道でも、果敢に技をかけにいくことが求められますが、そこには「返されるかもしれない」というリスクを負っていて、勝負勘の強さが成功のカギを握ります。ビジネスも一緒ですよね。それに比べれば、スクワットの戦いは、相手が鉄の塊ゆえに不確定要素がないだけいいのかもしれません。セーフティーバーや補助者の準備がきちんとできていれば、柔道のように人に絞め落とされたり、なぎ倒されたりして怪我を負うこともなければ、ビジネスのように人が離れて借金だけが残ることもないですからね。

人生において「潰されるかもしれない」という恐怖と戦うことを、高重量に向き合うことで再現していると考えれば、**重量を扱うトレーニングは自分の弱い心と対峙することにもなり、大きな価値があるといえます。筋トレを通してチャレンジ精神を養成せよ！**

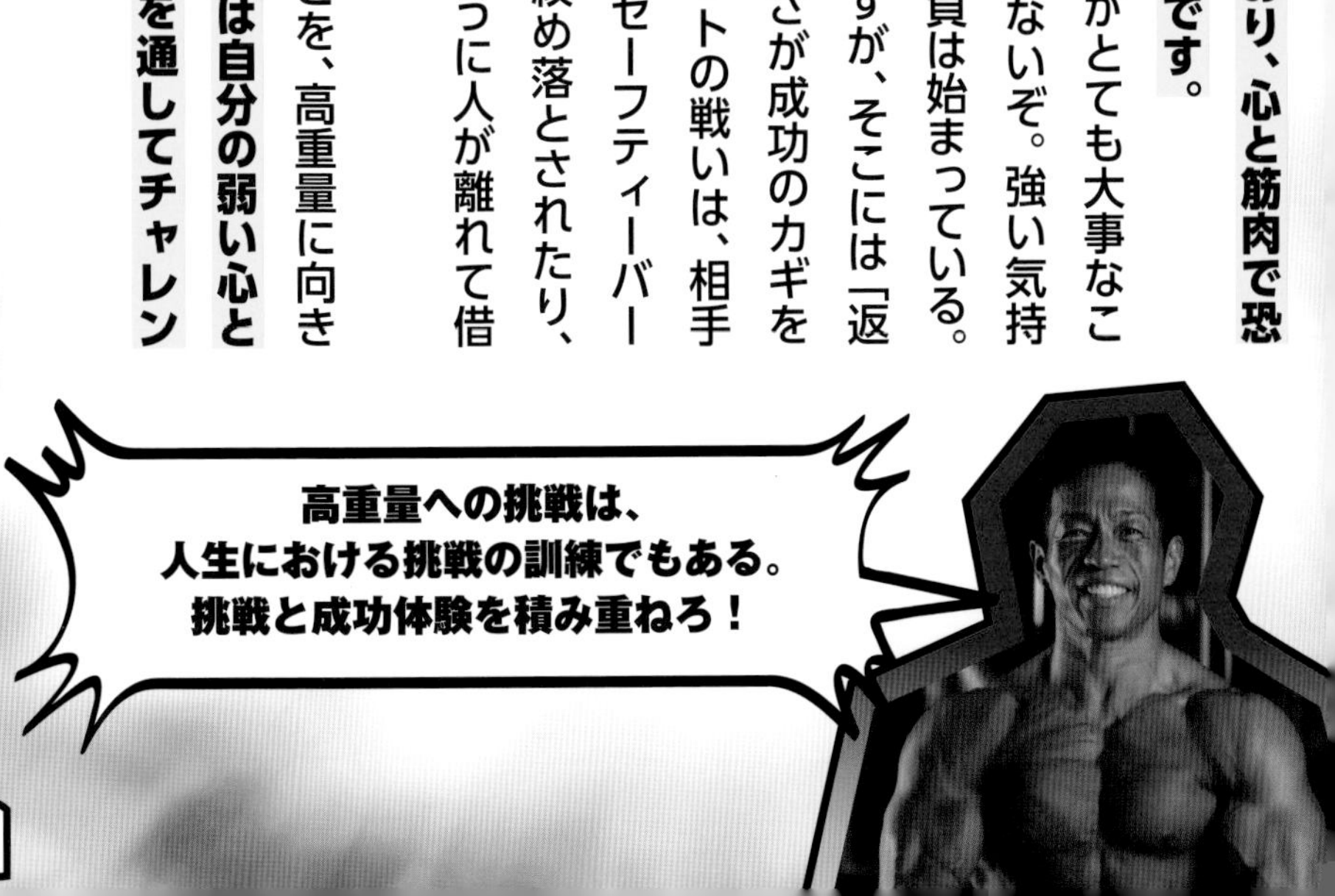
高重量への挑戦は、
人生における挑戦の訓練でもある。
挑戦と成功体験を積み重ねろ！

BAZOOOOKA砲!!

9

人類の叡智「数字」使いこなしてこそ

筋トレは、重量・回数・セット数・インターバルなどのトレーニング変数で管理します。このトレーニング変数を伸ばしていくことが成長には不可欠です。100kgが101kgになれば成長したといえますし、扱う重量は同じ100kgでも、10回だったものが11回挙がるようになれば、それもまた成長。どちらにも価値があります。

トレーニング変数は「挑戦の可視化」ともいえます。50kgだったベンチプレスが100kg挙げられるようになれば、見た目は自分の理想にはまだ遠いとしても、挙上重量が50kgアップしたというこの数字は努力と成長の証であり、誰の目にも明らかです。このように、数字で成長が見て取れるのが筋トレの良さでもあるのです。

ただし、数字に縛られすぎたり、振り回されたりしてはいけない。ベンチプレスの挙上重量や回数が伸びたところで、理想とする大胸筋の厚みが得られていないのならば、ボディメイクとしては遠回りかもしれない。それに、重量や回数が永遠に伸び続けていくことはないから、数字だけに固執していればトレーニングはいつか必ず頭打ちになってしまう。

かといって、いつまでたっても体つきが変わらない停滞という、つまらない現象も起こり得ます。その場合には、あえて数字に縛ってもらうという考え方もできます。数字とうまく付き合うことは、挑戦の質を高めるだけでなく、継続的な成長や達成感につながります。

ギリギリ10回しか挙げられないような重量でセットを組んで、1レップ更新できたとき、その増加率は実に10%。これは恐ろしいほどの成長だよ。**世の中において数値化される成長率で、10%増という現象なんてほぼない。「たかが1回」と思うことなかれ。その1回が、確実にあなたを成長へと導くぞ!**

1レップを笑う者は1レップに泣く。
時には数字にこだわることで、
継続的な成長や達成感を手に入れよう。

BAZOOOOKA砲！！ 10

自分の思考で止まってないか？ “究極”から学びリミッターを外せ

世の中には、我々の想像もつかないようなトレーニングを積み重ねる猛者がいます。**彼らはなぜその境地にたどり着けたのか？　それは、彼らが世の中の常識にとらわれない人物だから。**究極の取り組みをすれば究極の体が、狂気の取り組みをすれば狂気の体ができ上がると理解すべきです。ただし、人は知らないことはやろうとしません。見聞を広げ、考えを巡らせることがあなたを成長させるのです。マインドブロックは弊害でしかありません。これは自分自身を振り返っても痛感することです。筋トレを学ぶのにビルダーから学ぶ人もいれば、学術的専門書で学ぶ人もいます。私は後者に傾倒して遠回りしたタイプ。多くの本には10回×3～5セットを2～3種目やればいいと書いてあるので、それが基本になるのですが、ある時点で「なかなかデカくなれない」「大会で通用する体とは違う」と壁にぶつかり始めます。そこで初めて周囲に目をやり、猛者たちはまったく違うトレーニングをしていることに気づくのです。

人間がゼロから自発的に考えることは、ほぼありません。何らかの情報を統合することで脳が思考をジェネレートします。であれば、断片的でもいいから知っておいたほうがいい。時にはぶっ飛んだ情報も入れておくことで、生成される思考は間違いなく楽しいものになるはずだ。今は情報として入れておくだけでも、**限界をぶち破りたいと思ったときに、その発想が出てくれば、自分ひとりの脳では実現し得ない体になれる可能性を秘めていることになる！**

自分の脳みそひとつで考えられることは、たかが知れているよ。そして情報や知識に乏しい人は、そもそもそれをやろうという思考にさえ到達できないと、よくよく胸に刻み込むべき。**"No Pain, No Gain."ですが、Painの世界は自分が思っている以上にはるかに広いということです。**

単独思考には限界がある。
基本を習得し、他者に学ぶことで、
マインドブロックをぶち破れ！

BAZOOOOKA砲!!

11

鍛錬は人類にのみ許された崇高な行為だ

脳も筋肉も、人に鍛えてもらうことはできませんし、お金で買うこともできません。自らの意志なきところに成長はなし。

ポテンシャルの差はあれど、脳と筋肉の出来はその人の努力の結果といってもいいでしょう。

そして、自分の意志でそれらを鍛えようとすることは、人類だけに許されている行為です。だからこそ、鍛錬には価値があり、それを極めているアスリートや、研究・開発の世界で名を馳せる人物はかっこいい。**頭脳明晰な人や運動能力の高**

い人がいつの時代も称賛されてきたのは、それらが努力しない限り得られないことを万民が知っているからです。そして、薬物の力に頼って体を大きくすることを是としないのは、人だけがなし得る努力を愚弄している行為にほかならないから。努力の価値を汚すな、ということです。

私は心から、誰もがそこに価値を見出す世の中になってほしいと願わずにはいられない。人としてこの世に生を受けたからには、人にしかできない鍛錬という行為をかっこいいと思わないはずがない。もっと誇りを持って然るべきなんだ！

そもそも、人間は弱いから鍛えなければならないのかもしれません。ライオンは鍛錬しない分、より強く、より賢く生まれた個体に子孫を残せる可能性が高い。弱い個体は淘汰されて今があるということです。一方で、人類も狩猟・採集時代の頃はそうだったのでしょうが、農業革命以降は万民が食事にありつけるようになったことで、凡庸な遺伝子も生き残れるようになりました。だからこそ多様性が生まれ、さまざまな文化が醸成され、繁栄してきたのでしょう。

弱肉強食ではない世界で、鍛える余地が残されているのが人類の最大の特徴。さて、ここまで読んでまだ見ぬ筋肉と脳のポテンシャルに意識が向いたあなたは素晴らしい。人間らしく、そして尊い行為である鍛錬に挑むしかないじゃないか！

鍛錬という尊い行為で、
ホモサピエンスから
新人類（ビルダー）へと進化せよ。

BAZOOOOKA砲!!

12

ブレることない絶対の自分軸を持つ

2022年、久しぶりにボディビルの大会に出場したわけですが、長い間、第一線を離れたのは、私にとっては非常に有意義なことでした。というのも、「絶対に勝たないといけない!」という感覚が薄れ、いい意味で、順位の呪縛から解き放たれていると自覚できたからです。あるいは、学生たちに「勝つことがすべてではない」と言い続けてきたことで、私自身もよりそういう思考になったのもあるかもしれません。

勝敗に固執しなくなったとき、人は何を大事にするか?

それは〝自分軸〟です。 私はちゃんと仕上がっているか、3年前より成長できているかというように、自分を主軸に考えられるようになれたのです。他者が決めた順位や序列を気にしすぎると、必ずドツボにはまる。**本当に大切にすべきなのは、人がどう思っているかではなく、自分がどう感じるかなんだ！**

　私は優勝した大会もそうじゃない大会も、等しく成長できている実感があります。勝敗という結果はコントロールできないが、自身の成長はコントロールできる！　大会を終えれば反省点は出てくるけれど、少なくとも「あれをやっておけばよかった」みたいな後悔はゼロ。そのときに考えついて、やれることは全部やってきた！　だからポジティブに受けとめることができました。

　そもそもボディビルという競技は他人に評価を委ねるもの。だからこそ、それに人生をかけすぎないほうが賢明です。人の脳は絶対にコントロールできないですからね。要は、社会に存在するどこかの人が順位をつけるという不確定要素だらけのシステムを鵜呑みにしないこと。**他者に手綱を渡すな！**　そういうことです。毎試合に課題を持って臨み、それを解決できたのなら、自分に合格点をあげていいんだ。たとえ順位が何位でも、**「それはそれ」と思えるマインドセットこそ、現代の複雑な競争社会を生きる人間には不可欠です。**

他人の評価に固執するなかれ。
大切なのは、誰に勝ったかではなく、
過去の自分に勝つこと。

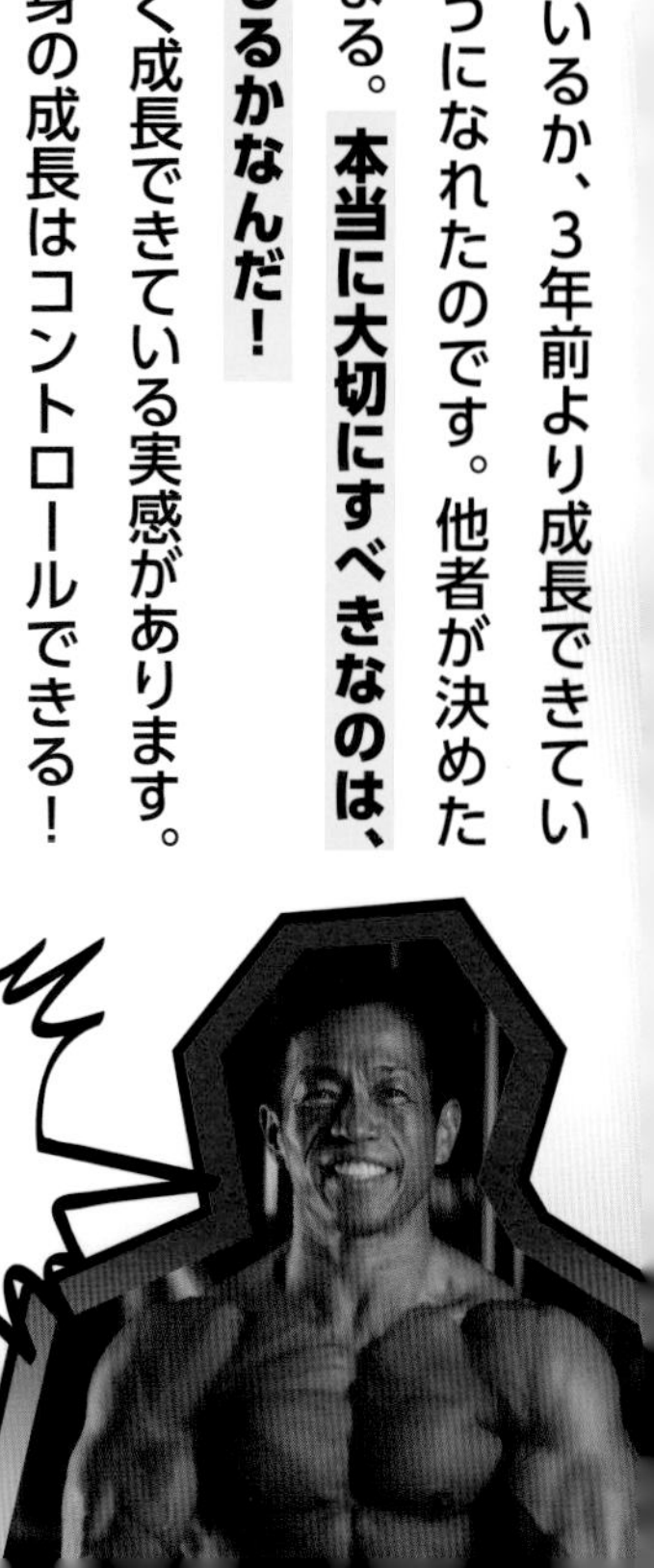

BAZOOOOKA砲!!

13

人生の主人公を取り戻せ

ボディメイク大会はもちろん、**何か夢に挑戦するとしたら、どんなレベルであろうと、負けたくない、勝ちたい！ 成し遂げたい！ というのが多くの人の本音。**そしてそのために、トレーニングや勉強の時間を捻出しようとするはずです。

この**「自らの意志で取り組む」それが「自分が主人公になる」**ということです。何かに挑戦しようとしたとき、そのために費やす時間だけは、誰もが主人公になれるんだ！ 1時間トレーニングができるとしたら、その時間はすべて自分の思いどおり。そして、自分で選んだ種目、負荷、インターバルでできた上がる体はさまざま。これほどまでに主体的な行動が、果たしてあるでしょうか？

同じ1時間でも、自分が主体になれている1時間なのか、それとも人にやらされている1時間なのかで、その価値は大きく異なります。外部環境は何も変わらないなかで、重要なのは主体＝自分がどうあるか。何を思い、外界のものをどう認知して受け取るかにかかっているのです。

会社や学校、あるいは社会といった組織構造に身を置く以上、時には意にそぐわないこともあるし、ストレスも溜まる。だけど、自分が主人公になれる時間があれば、目の前の仕事や学業にだって、きっと楽しく前向きに取り組める。**そしてその時間が、自分に自信を取り戻すきっかけになり、夢や仕事、人生の挑戦につながっていきます。**それに自分の時間を捻出するには、ほかの部分の効率が求められるから、たとえば筋トレの時間を生み出そうとすると、仕事や学業の効率が高まってしまうという副次効果も得られる。いいことだらけじゃねぇか！

1日のうちの1時間でいい。それも無理な日は、10分や20分だって構わない。

「今は自分が主人公」という時間を確保し、意識しろ。その時間を心の底から楽しみ、本当の意味で自分が主人公となり、人生を豊かにするんだ！

何かに挑戦しようとしたとき、
そのために費やす時間と行動は、
あなたを人生の主人公にする！

日本体育大学ボディビル部

　私は現在、日本体育大学ボディビル部の顧問として、学生と共に活動しています。我々は勝利至上主義ではなく、筋トレはもちろん、座学を通して、社会人として必要な能力を養成し、そして人間力を磨くことを重要視しています。ここでは普段の部活の様子を写真と共に紹介します。

写真提供／岡田隆

学生たちと山絞りに行ったときの１枚。山はマッチョの宝庫だ。坂本陽斗（左から３人目）をはじめ、みんなの成長が楽しみです。

全日本学生団体優勝を成し遂げ、学生たちの努力が実った瞬間。小さな成長を積み重ね続けた証。

第 56 回全日本学生ボディビル選手権大会。サポートしてくれる親御さんや仲間への感謝を忘れずに。

日本ボディビル選手権大会のバックステージ。教え子で仲間の五味原領（前列左）、相澤隼人（同右）は大きく成長を遂げており、最高峰の舞台に共に挑めたことは教員冥利に尽きるものでした。

五味原領、相澤隼人から多くのことを学んでいます。共に競い合い高め合う存在です。

大会という実践の場で、教え子に背中を見せることができました。大胸筋が歩いてる！

ボディビル部を通して、私は学生から多くのことを学びました。本当に感謝しています。ボディビル部の学生や OB には、部の魂を胸に社会で逞しく生きてほしいと心から願っています。部員たちの活動や努力を見て、私も日々戦えています。仲間たちよ、ありがとう！

大会までの道のり Before After!

大会出場に当たってボディビルダーは減量期を設けます。脂肪を削る除脂肪はビルダーであるならば誰しもが通る道です。そして、除脂肪はその気になれば誰でもできる！　と明言しておきます。もし、除脂肪がうまくいってないのであれば、何らかの変化を起こす必要があるでしょう。それは自ら変わる決意をすることでもあります。決意ができれば人間は強い。あとはゴールに進んでいくだけです。しかし、決意が強いあまりに最初から全力で駆け抜けるのは、オススメできません。マラソン大会で最初から全力ダッシュし続けて、ゴールできますか？　答えは No です。ボディメイクはマラソン以上にマラソンなのです。

下の写真を見てください。私は左の体から7ヵ月かけて除脂肪を行い、右の体になりました。このおなかについている脂肪は皆さんの脂肪と変わりないのです。ビルダーも同じ人間、同じ構造なのです。この写真で、皆さんが勇気と決意を持つきっかけとなってくれれば幸いです。

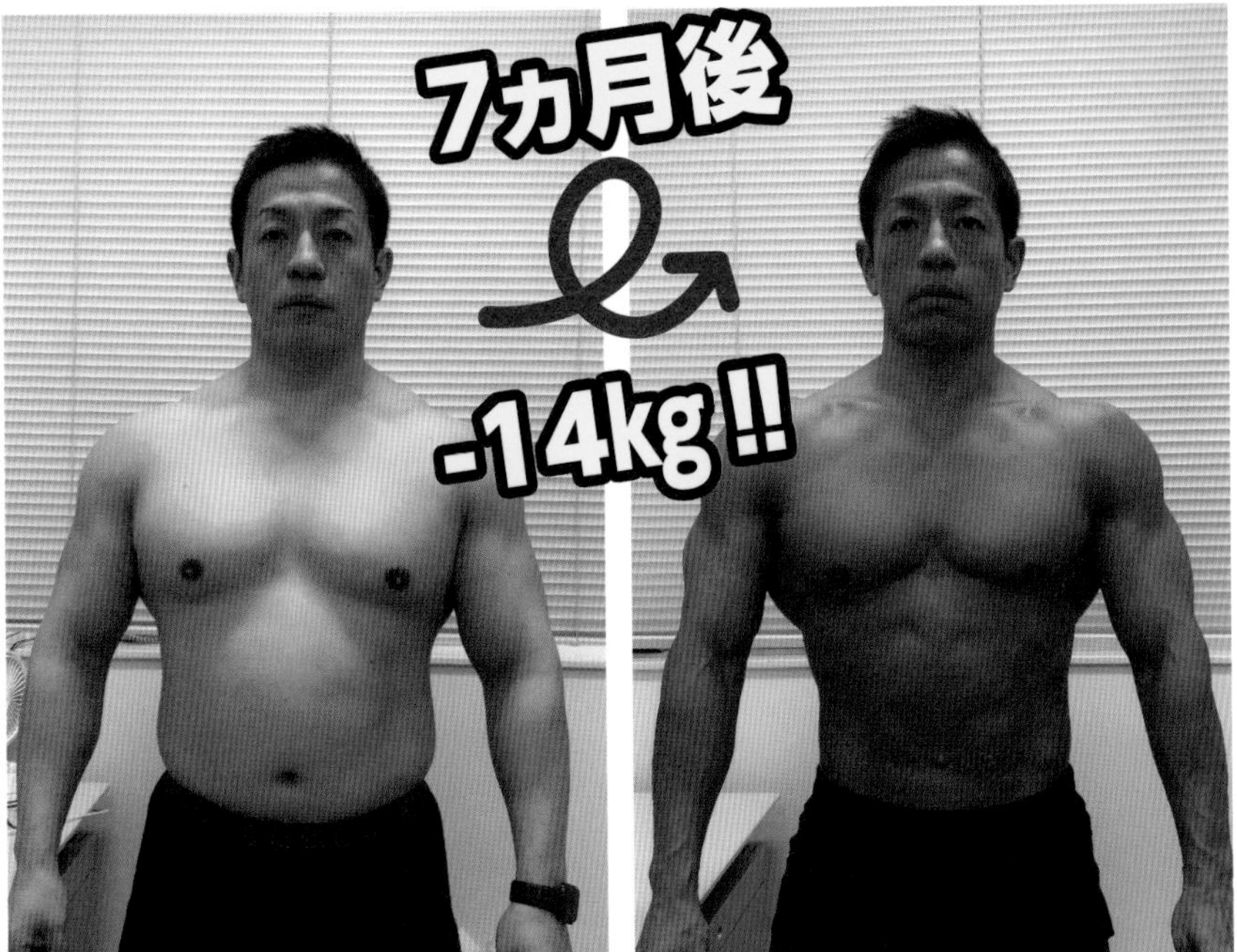

バズーカ岡田のビルドアップコラム①

思うほど、体脂肪合成はすぐに起こらない

ダイエットを頑張ってきた人が「もうダメだ」と、あるとき急に爆発する。あるいは大会が終わった後、つらい減量から解放された喜びで、食欲のタガが外れる。張り詰めていた糸がプツンと切れて、怠惰な食生活になるのはよくあることです。そんなにつらかったのだとしたら、そもそものプランニングに無理があったことは否めないので、そこは改善の余地があります。とはいえ、節制の反動で、キレ食いしてしまう気持ちはわからなくもありません。

ただ、多くの人が、そこで減量継続を諦めてしまうことには、待ったをかけたい。食べたものがすべて体脂肪に変換された気になって、「もう戻せない」と思っているのかもしれませんが、一度のキレ食いで、これまでの努力がすべて水の泡になることはありません。諦める必要はないのです。

体脂肪の合成は、そんなにすぐに大量に起こらないもの。一気に戻った体重は、水分の可能性が高いといえます。とくに、限界まで絞っていた人や、大会に向けて水抜きや塩抜きをしていた人は、いつも以上に体が水分を吸収しやすくなっているでしょう。けれども見た目には、体重増加の原因が水分なのか体脂肪なのか、判断がつかない人がほとんどだから、もう太ったからいいや！　とこれまでの努力をドブに捨ててしまう。

体水分をきちんと排水するような生活スタイルに戻し、食事もクリーンなものにすれば、見た目も戻ります。体脂肪がすぐに大量に増えることはありません。

私が今シーズンの減量期に食べていた朝ごはんです。栄養バランス・満腹感・エンタメを兼ね備えた最強朝食！

第2章

体と心を未来に備えろ！

絶対に筋トレしたくなる科学的根拠

BAZOOOOKA砲!!

14 筋肉への愛 当たり前ではないこの体

漫画『グラップラー刃牙』の登場人物、ビスケット・オリバをご存じでしょうか。モデルといわれているのは実在したボディビルダー、セルジオ・オリバ。彼には、妻に拳銃で5発も撃たれたにもかかわらず、自ら車を運転して病院へ行ったという、嘘のような伝説が残っています。

さすがに私は、これほどのトンデモエピソードは持ち合わせていませんが、筋肉のおかげで命拾いしたことがあります。本書でもすでにお話しした、2021年の初頭に入院したときのこと。痛みで体を起こすこともできず、メシも食えずに体重は激減。思えば、あのときの私は、体脂肪と、人より多めに装備できていた筋肉のエネルギー残量で生き延びることができたのです。これが体脂肪を極限に削ぎ落とした減量末期だったら、ましてや筋肉もなかったらと思うと、ゾッとします。

エネルギー密度の高い体脂肪を蓄積するのは、生存確率を上げるという生物学的合理性があります。ただ、体脂肪を蓄積しすぎると、それはそれで死にます（ただの不健康）。そこで重要なのが、筋肉。筋肉はエネルギーを消費する存在でありながら、実はエネルギーそのものでもあるということ。人類は、筋トレで筋肉を増やし、エネルギー残量を増やすことができます。**進化の過程で備わった体脂肪というエネルギー蓄積システムを、体脂肪＋筋肉のハイブリッドシステムにアップグレードする**。これを使わない手はないでしょ！

筋トレをせずとも一定量の筋肉はあるから、筋肉のおかげで動けていること、エネルギーや体温が保持できていることに多くの人は気づいていない。私自身、倒れて初めて気がついた。**筋肉を愛する私としたことが、何てことだ！ だから言わせてほしい。人はもっと筋肉に感謝すべきだ——と。**自分の身にいつ何が起こるかは誰にもわからない。だからこそ、普段から筋肉を蓄えておけ！

最後に自分を守ってくれるのは、
自分の筋肉。
筋肉に感謝し、愛《め》でた（鍛えた）ほうがいい。

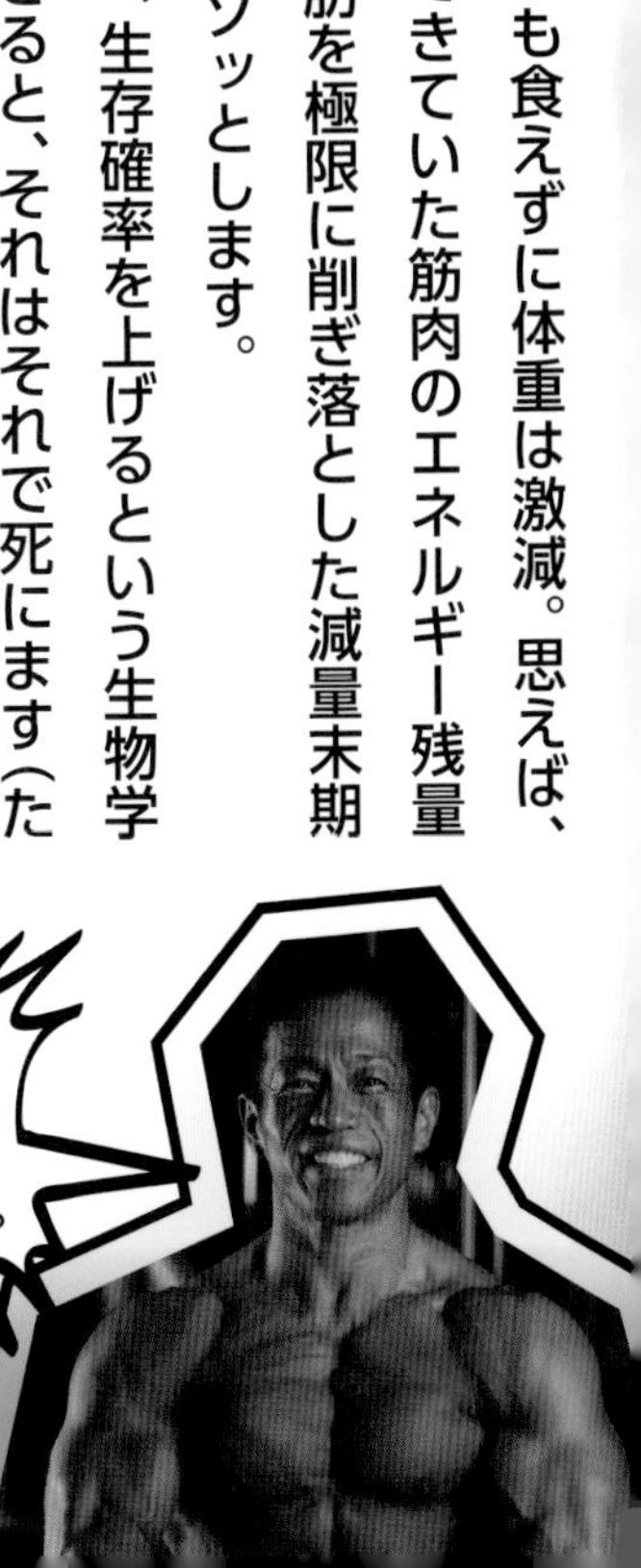

BAZOOOOKA砲!!

15

日々の鍛錬は老いを凌駕する

老いは誰にも等しく訪れます。そして、老いてなお歩けるかどうかは、筋肉にかかっています。筋肉が強ければ、歩ける。私は理学療法士として病院に勤めた経験があり、しっかり歩けている人にはちゃんと筋肉があります。

現在98歳の私の祖母も、そんなひとり。2020年に入院していた時期があったのですが、お見舞いに行くと、祖母はリハビリ室を闊歩し、元気にスクワットをしていました（しかも深い）。一方でリハビリ室には、70代でも車イスに座って動けない人もいました。ご病気などさまざまな事情があるかもしれませんし、もちろん責めているわけではありません。しかし、20年も生きている年数が違うのに、歩ける90代と歩けない70代がいるという現実は存在しています。この差はとてつもなく大きい。ただし、この差は若い頃からの習慣で埋められます。

若いときは鍛えようが鍛えまいが個体差はあまり出ませんが、年を取るとその差は如実に現れます。高齢者であればあるほど、日常生活そのものがトレーニングみたいなもの。筋肉にも、脳にも、心肺機能にも負荷をかけながら生きている、といえます。もし寝たきりになってしまうと、筋肉は激減、脳の認知機能も落ち、ありとあらゆる機能が低下します。寝たきりというのは、いわば一切のトレーニングをやめた状態ですから、弱くなるのは至極当然です。

若いうちは歩けるのが当たり前だからといって、歩けなくなるかもしれないことを想定しなさすぎです。「一生歩ける」という想定がまず間違っていますし、自分は大丈夫なんて考えは甘すぎる。楽観的なのはいいですが、のちのちどうしようもない状況に陥らないほうが絶対いいに決まっている。ならば、歩けなくなることがあるかもしれないと想定し、鍛えておくほかないんよ！　筋トレは将来のリスクに対する備えでもあるのです。俺だけはずっと健康という考えはほどほどに。

死ぬまで歩けてこそ人生を楽しみきれる！
筋肉を鍛えて備えるしかない！

BAZOOOOKA砲!!

16

筋トレが一家団欒への架け橋となる

日本人の平均寿命が長いのは周知の事実。厚生労働省発表の平均寿命（2021年）は、男性が81・47年、女性が87・57年です。そして、健康上の問題で日常生活が制限されることのない期間を「健康寿命」といいますが、こちらは男性が72・68年、女性が75・38年（2019年）。平均寿命と健康寿命との差、すなわち日常生活に制限がある健康でない期間は、8・79年と12・19年ということになります。世界的に見ても、日本は平均寿命・健康寿命ともにハイレベルにありますが、これからは少しでも健康寿命を伸ばし、平均寿命との差を縮めていくことが重要です。

今や70歳定年時代にもかかわらず、健康寿命が72歳や75歳。それが何を意味するのか。**身を粉にして働き、70歳になって悠々自適に暮らせると思ったら、数年で健康問題にぶち当たるということです。そんなの、悲しすぎるでしょ……。**

では、健康寿命をどうやって伸ばすか？　そう、筋トレです。

ランニングは心肺機能への負荷が高く、下半身の筋肉にも大きな負荷がかかるいいトレーニングですが、関節の負担を考えると、いつまでも継続するのは難しい。ウォーキングもよいですが、今度は負荷が小さすぎて、筋肉のサイズや筋力までは維持できないため、万能とはいえません。

その点で筋トレは、丁寧にやれば関節負荷はランニングほど大きくなく、それでいて筋肉への負荷は十分。ウォーキングあるいはスイムやバイクで心肺機能を鍛え、筋トレで筋肉を鍛えるというのが、健康寿命の延伸に効果的でしょう。

そうすれば、社会への負担も減ります。医療費、介護費が減らせますからね。もっといえば、**身近な家族の負担も減らせます。子どもや孫、親類に迷惑をかけたくないなら、鍛えるしかない。**何より死ぬまで自力で動ける人生は、どう考えたって楽しいに決まっているんだから！

重要なのは寿命の「質」。
第二の人生も元気に過ごしたければ、
国民の四大義務に「筋トレ」を！

BAZOOOOKA砲!!

17

筋トレはストレス社会を超越するハック術

日本の勤労者1630人と、国立大学生1900人を対象にしたストレス点数ランキングというものがあります（P49表）。これを見ると意外に誰もがストレスにさらされながら生きていることがわかります。

まずは日頃からもっと自分を労ってください。ストレス発散といって暴飲暴食に走ることがありますが、これは本当に避けたい！　夜遅くまで飲み食いすれば睡眠時間が減り、飲酒と脂っこい食事で睡眠の質も下がり、翌日のパフォーマンスはガタ落ち。暴飲暴食で体脂肪が増えれば、見た目に嫌気がさしてメンタルまで急降下。血圧や血糖値が上がれば健康に大ダメージと、負のオンパレードです。

そもそもストレスはコントロール不可。生きていれば多かれ少なかれストレスにさらされます。そのストレスに対処するには、コントロール可能なものにのみ目を向け、自分を整えるわけです。

ここまで来れば、皆さんわかりますね？　そのとおり、筋トレです。

筋トレをするとおなかが空く。おなかが空いたらメシを食う。しかも筋トレ効果を最大化する食事をとるわけですから、健康にも良い。そして、筋トレによる疲労でぐっすり眠れる。食事での栄養学的リカバリー、睡眠での神経学的リカバリー、そして筋トレでの自己効力感の増大。完璧すぎる……。こうした**好循環で精神状態も上向いてくる。もう大丈夫です。体だけでなく心もケアできる筋トレ最高！**

国立大学生のストレス点数のランキング	
1	配偶者の死
2	近親者の死
3	留年
4	親友の死
5	100 万円以上のローン
6	大学中退
7	大きなケガや病気
8	離婚
9	恋人（配偶者）との別離
10	自己または相手の妊娠
11	大学入試
12	婚約解消または恋人関係の解消
13	就職試験・就職先訪問
14	不本意な入学
15	100 万円以下のローン
16	経済状態の大きな変化
17	友人関係の大きな変化
18	卒業論文（研究）
19	家族の健康や行動上の大きな変化
	浪人
	単位取得と履修方法の問題
	学内試験およびレポートの作成

勤労者のストレス点数のランキング	
1	配偶者の死
2	会社の倒産
3	親族の死
4	離婚
5	夫婦の別居
6	会社を変わる
7	自分の病気やケガ
8	多忙による心身の過労
9	300 万円以上の借金
10	仕事上のミス
11	転職
12	単身赴任
13	左遷
14	家族の健康や行動の大きな変化
15	会社の建て直し
16	友人の死
17	会社が吸収合併される
18	収入の減少
19	人事異動
20	労働条件の大きな変化
21	配置転換
22	同僚との人間関係
23	法律的トラブル
24	300 万円以下の借金
25	上司とのトラブル
26	抜てきに伴う配置転換
27	息子や娘が家を離れる
28	結婚

夏目誠『出来事のストレス評価』（2008 年）より

筋トレ→良質な食事→良質な睡眠。人生における最強の良薬、ここに極まる。

BAZOOOOKA砲!!

18

除脂肪で未来を変えろ 体づくりには人生を変える力がある

絞るとき、つまり**減量時の三大原則は「きちんと運動すること」「クリーンな食事をとること」「質・量ともに十分な睡眠をとること」。これが基本**ですから、絞れば生活の質が高まるのは当たり前のことです。

私はかれこれ1年近く減量（＋維持期）を続けていますが、特段キツくはありません。大会が近づいて、エネルギー残量が底を尽くくらい追い込んでいくときはやっぱりキツいですが、体づくりのために増量していたときのほうが、体にとってはむしろ負担でした。体脂肪も増えるので、血圧などの健康診断データは悪化するし、睡眠の質も悪い。腹部の皮下脂肪や内臓脂肪が、睡眠時の呼吸に負荷をかけるのです。減量期は、食べるものを吟味しなければならないものの、体は快適そのもの。体脂肪が少ない人というだけです。1年を通して体脂肪の少ないアスリートはたくさんいますが、だからといってつらそうには見えないですよね？

思うに、世間の「絞る＝つらい」というイメージが強すぎる。絞るとなると鶏ムネ肉とブロッコリーしか食べられない、塩もふれない、見るからにげっそり……というイメージの人が多いのではないでしょうか。もしくはサウナで体の水分という水分を抜かなければならない、とか。それはボディメイクの大会直前の人や体重階級制のアスリートの最終手段で、一般人がすることではないんです！

つらい減量しか知らないという時点で、その減量は手詰まり確実。最初からキツいことをやっていれば、誰だってつらい。そもそも一般的な減量（除脂肪）は、ジュースをやめて水やお茶にしたり、ラーメンや揚げ物をやめたりする程度で十分。それなら大してつらくないはずです。でも、そうすることで結果的に体は軽くなるし、いい睡眠がとれるようになって、生活の質は上がります。そして**自分の体と心が改善されるのが実感できると、楽しくて仕方ない。それが減量成功の秘訣！**

「絞る＝つらい」と思考停止するな。
無理せず続けられる手段を探せば誰でも見つかる。
健康状態、生活の質向上を楽しもう！

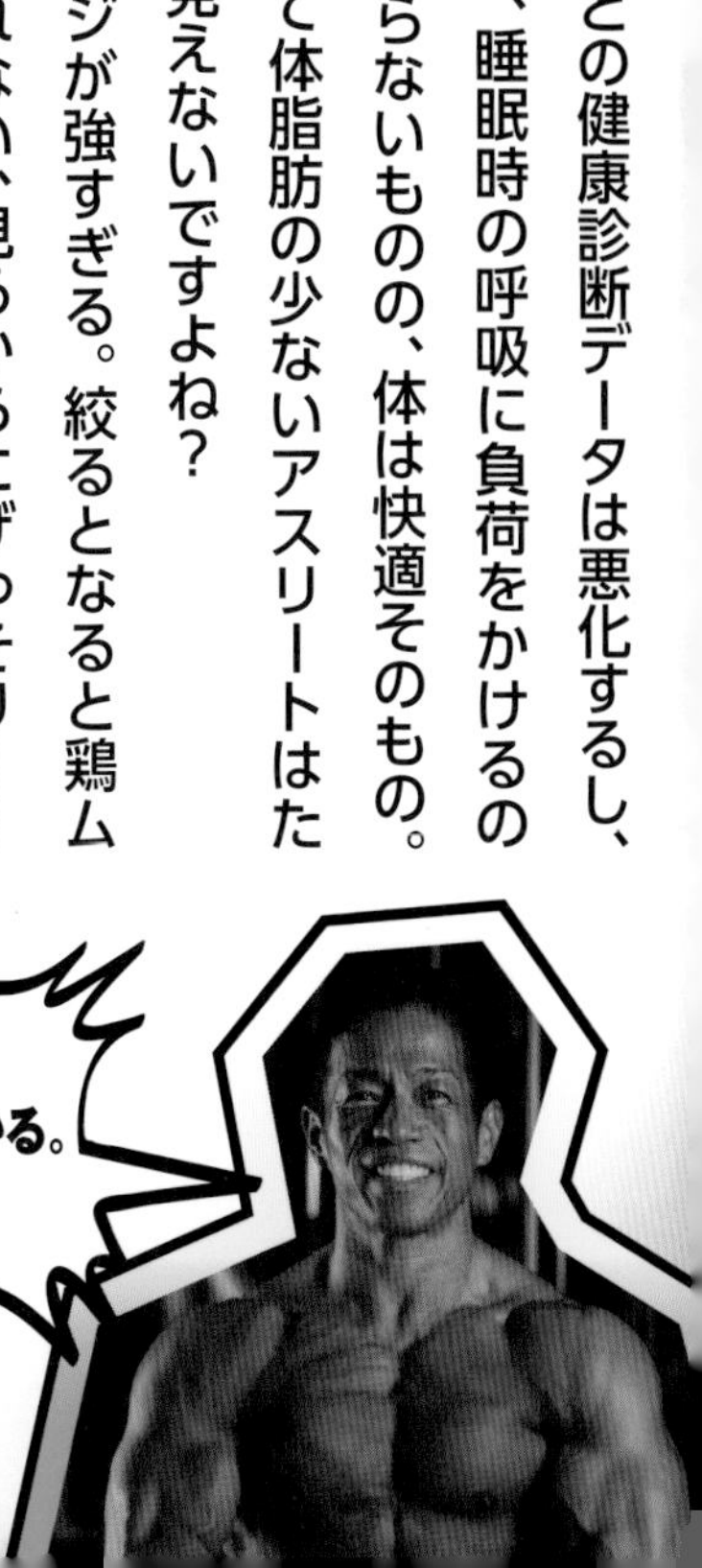

BAZOOOOKA砲！！

19

筋肉だけじゃない 全ての細胞に筋トレが効く

筋トレで、成長ホルモンの分泌が活性化することがわかっています。この成長ホルモンは、骨や筋肉を発達させる作用以外に、脂肪の分解促進や新陳代謝の活性化による若さ維持などの働きもあり、別名・若返りホルモンとも呼ばれます。

かつては、中枢にある脳から末梢へ情報伝達するだけだと思われていましたが、最近では、実は末梢から脳にも情報が伝わるといわれています。つまり、脳は末梢から刺激できる。細胞はそのすべてが脳に情報を送っているのです。

脳と腸がお互いに影響を及ぼし合うとして、「腸は第二の脳」と呼ばれたり、「脳腸相関」という言葉が注目されるようになりました。このようにして腸が一躍脚光を浴びたのは、脳腸相関のほかにも腸内環境や腸内フローラ、腸活など、実に魅力的なワードが並ぶからだと私は睨んでいます。そうした言葉からは、あたかも腸が神秘的で素晴らしいもののように思えるのですが、**実は、骨や筋肉、皮膚なども腸と同じく、脳に影響を及ぼしているし、それが若返りや健康にも関与しているのです。だからすべての組織を大事にしろよ！　ということ。**

我々筋トレ好きの立場で考えてみましょう。筋肉は骨についているわけですから、骨がちゃんとしていなければ筋肉は作用しないし、成長できない。そう、我々は筋トレのなかで骨も強化されているのです。高齢になったとき、もし転んでも折れない骨ができ上がっている！　高齢者の転倒による骨折は、ものすごく多い。そして何がつらいって、骨折した後の手術やリハビリ。ここで機能が戻らずに、車イスになって退院することもあります。だから元気に健康に歩き続けられる人生をつくりたければ、筋肉をつくれ！　絶対に転ばないほうがいいし（筋肉で踏みとどまる）、ちょっとやそっとじゃ折れない骨を手に入れたい（筋トレで骨を強くしておく）。**もう、やらない理由がないだろ!!**

若いうちにつくった筋肉は、
年を重ねてから効いてくる。
筋肉投資で後の人生に大きな差をつくれ！

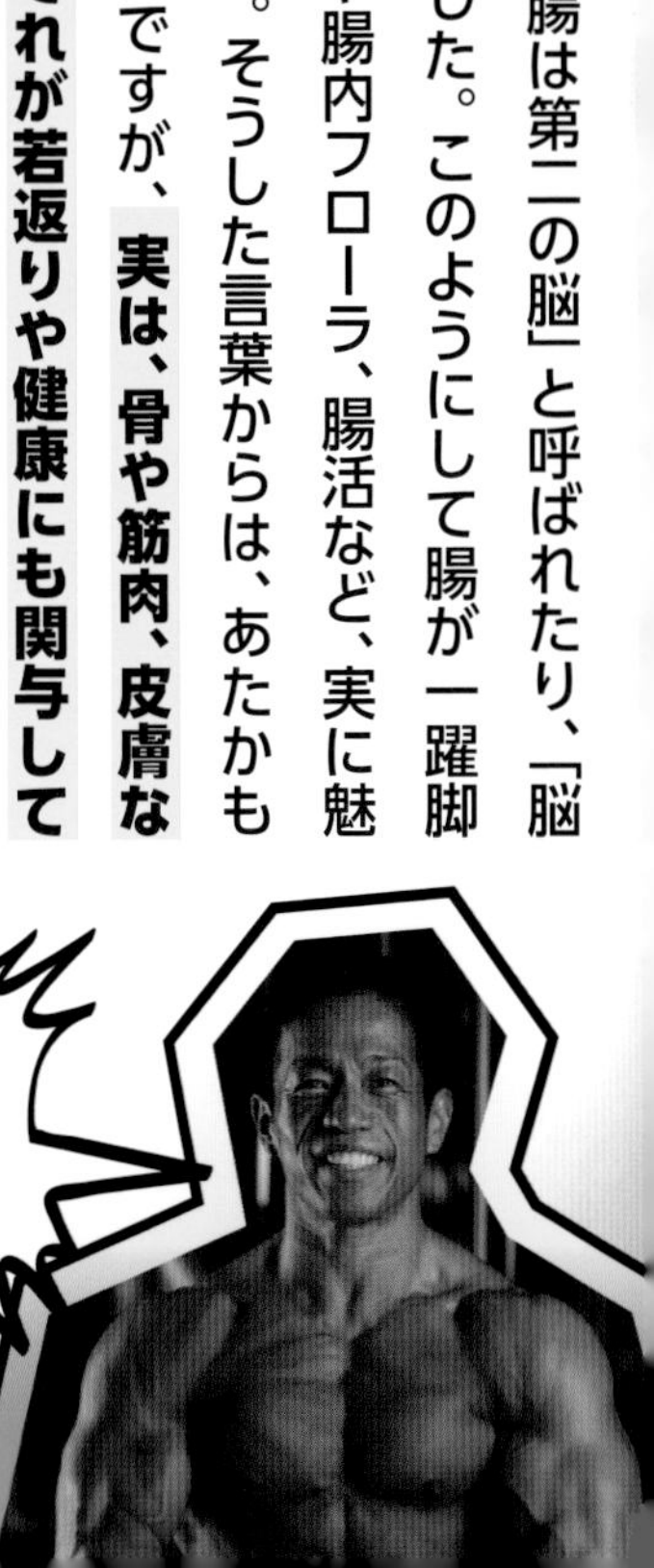

BAZOOOOKA砲!!

20 転ばぬ先の筋トレ 鍛えた筋肉の恩返し

前のページでも触れましたが、筋トレは筋肉を強くする行為でありながら、骨も強くするということを、よくよく理解すべきです。若い人ほど日常生活で支障をきたすことがないゆえ、骨を気にする機会はほとんどありません。筋肉ですら気にしないのだから、骨はもっと存在感の薄いヤツなのです。

けれども、骨折がきっかけで寝たきりになる高齢者が実はとても多い。２０１９年の厚生労働省の国民生活基礎調査によれば、65歳以上の要介護（※1）の主な原因の４位に骨折・転倒が入っています（13・0%）。ちなみに、1位が認知症（18・1%）、2位が脳卒中（15・0%）、3位が高齢による衰弱（13・3%）。**衰弱も筋肉で防げますから、最大26・3%は筋肉で解決できますね。**

また、要介護となる手前の段階である要支援（※2）の原因疾患でも、関節疾患（18・9%）、高齢による衰弱（16・1%）に次いで、骨折・転倒（14・2%）が入ってきます。要支援の原因の半数近くが、加齢による足腰の虚弱や、膝や腰といった関節あるいは骨の弱さが原因なのです。

ということで、やっぱり筋トレ。転びそうになったときに、足を1歩、踏み出せることが重要です。衰弱しないためにも、関節を守るためにも筋肉は不可欠。

とはいえ、鍛えるには限界があるので、最後の最後には転んでしまう可能性が高い。では、転んだときに何をするかというと、受け身を取って身を守ること。国民全員が柔道をたしなんでいれば最高ですが、さすがにそれは難しい。となると、転んでも折れない骨をつくっておくのが最善の策ということになるわけです。

筋トレは、転ばないようにするための行為であると同時に、転んでしまったときには骨を守る行為でもある。**自分の骨は自分で守れる、かっこいいじいちゃん・ばあちゃんになろう！**

素敵に年を重ねたい？
それなら筋トレだ。
寝たきり、介護を筋トレで回避せよ。

※1　継続して常時何らかの介護が必要とみなされる状態。
　　1から5まで5段階ある。
※2　継続した支援があれば、なんとか日常生活が自分でも送れる状態。

BAZOOOOKA砲!!

21

真の王様・ブルガリアンで地面を踏み抜け

キングオブエクササイズといえば、スクワットですね。確かにスクワットは、とても素晴らしいトレーニングですが、それはバーベルを担いでトレーニングする場合の話。自重で行う場合には、元気な人にとっては負荷が軽すぎて、かなりの回数をこなす必要があります。

隠れた名種目であり、私のイチオシが、片脚で行うブルガリアンスクワットです。習慣的に筋トレをしている人であっても、自重でそれなりにキツいと感じられ、スクワットだと刺激しにくい中殿筋を刺激できるのも、ブルガリアンスクワットの強みです。

転倒する原因は、筋力＆バランス低下の問題。ブルガリアンスクワットで片脚バランスを養っておけば、転びそうになったときにも踏みとどまれる確率は高まります。片脚でうまくバランスをとるには、地面をしっかりと踏みしめなければなりません。足部の横や深部にある細かな筋肉、そして先ほどの中殿筋を総合的に鍛えられるのがブルガリアンスクワットなのです。もう、メリットしかない。

どうしてもスクワットを推すのなら、片脚で行う場合くらいの負荷はかけなければなりません。人は歩くときに片脚で体を支える局面がありますからね。それを想定しないと意味がない。そうなるとスクワットは結構キツいですし、ウエイトが必要になるのでジムへ行く必要があります。それならば、はなから片脚の筋トレをしたほうが賢い。それに、両脚のトレーニングで扱える重量は、右脚＋左脚の重量というように単純ではありません。筋肉の活動や集中のレベルも異なるため、まったく別のトレーニングをしていると考えるべきです。

国民総ブルガリアンスクワット時代が来れば、本当に元気な日本になること間違いなし！　ブルガリアンスクワットが面倒なら、階段を上れ。それも立派な片脚エクササイズだ！　国会で話が出ないのが不思議でしょうがないです。

ヒトは１歩（片脚）ずつ歩を進める生き物。
同じスクワットでも、
鍛えるなら両脚より片脚で。

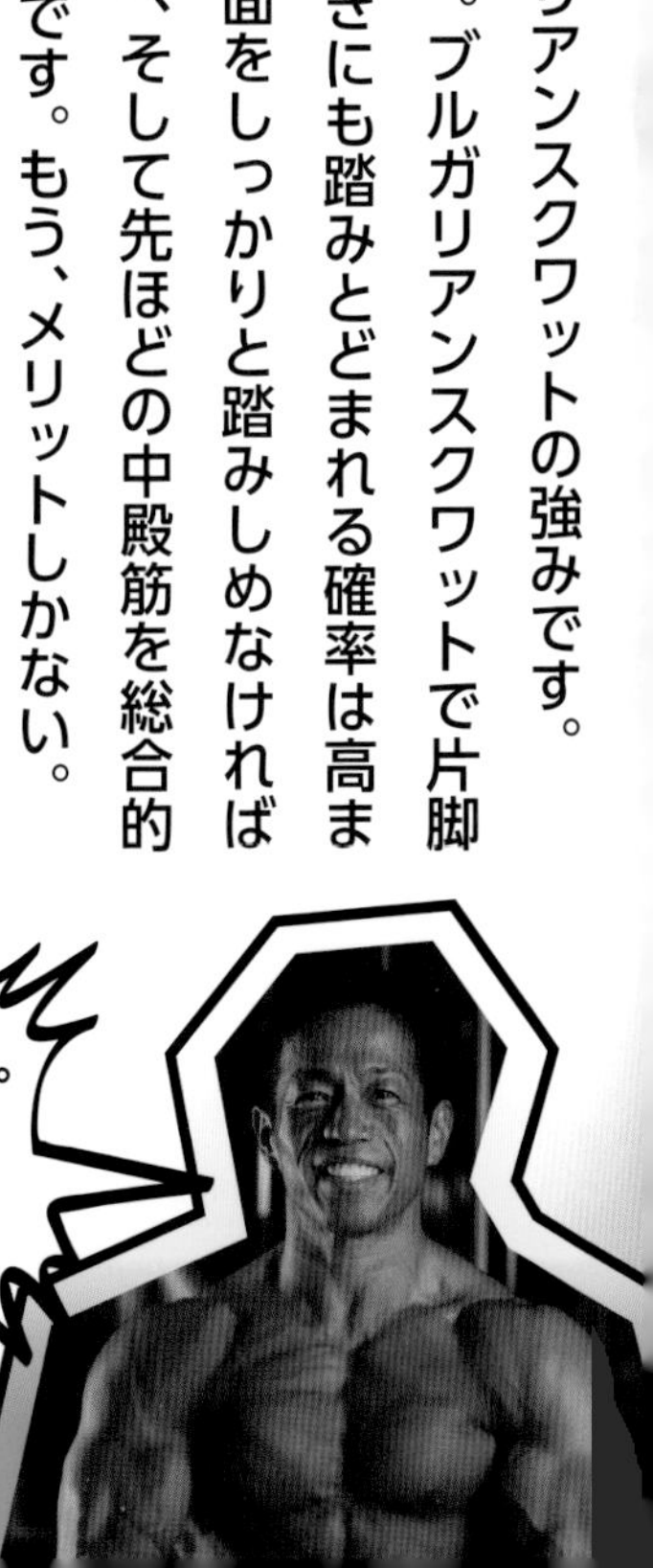

BAZOOOOKA砲!!

22

動かせ心臓《ハート》！燃やし尽くせ脂肪！刻む有酸素運動！

有酸素運動を侮ることなかれ。それによって向上する心肺機能は、すべての下支えになります。転んで寝たきりになるリスクを防ぐ筋トレと一緒で、心筋梗塞や脳梗塞といった疾患を防ぐためには、心臓血管系の強化が不可欠。筋肉を強くして転ばない体をつくっても、内側からやられたらジ・エンドです。また、**有酸素運動によって体脂肪を減らすと、高血圧、動脈硬化、糖尿病などの予防にもなります。死亡リスクを下げるためには有酸素運動が大事。**粘りがきくようになって筋トレの質も上がるのだから、筋トレをやるのなら、有酸素運動もやるしかない！

筋トレと有酸素運動を別個に行えればよいですが、時間的に難しいのならば、HIIT（高強度インターバルトレーニング）で筋トレの効果を得ながら有酸素運動を行い、一挙両得を狙うのもOK。効率や時間短縮を優先する分、それぞれの効果は落ちますが、そこは我慢するしかありません。

私としては、分けて行えるライフスタイルの構築をオススメします。そうすれば有酸素運動の選択肢が増えますし、それぞれの運動の質と効果を最大まで高めることが可能ですからね。やらず嫌いで止まっているだけでもったいない人が多いと感じます。ぜひ山に登ってみてください（山激推し）。

心臓をたくさん動かせるのなら、有酸素運動の種類は問いません。頻度も、週1回の山でも、毎日10分だけ歩くのでも構いません。もっといえば、買い物をするのに1軒遠くのスーパーまで行くのでもいい。荷物が多くて大変なら、帰りはバスで戻ってくればいいのです。私も山絞りをする際は、膝の負担軽減を考慮して、下山はケーブルカーを使うこともあります。歩いて行ったら、歩いて帰って来なければいけないというルールはどこにもない。**自分の生活に組み込める有酸素運動の種類と頻度を考えて、負担なく行えるものを見つけ出してください。**

完全体を目指すなら、筋トレ＋有酸素運動。
無理なく続けられる方法を構築しよう。
私は山です（激推し）。

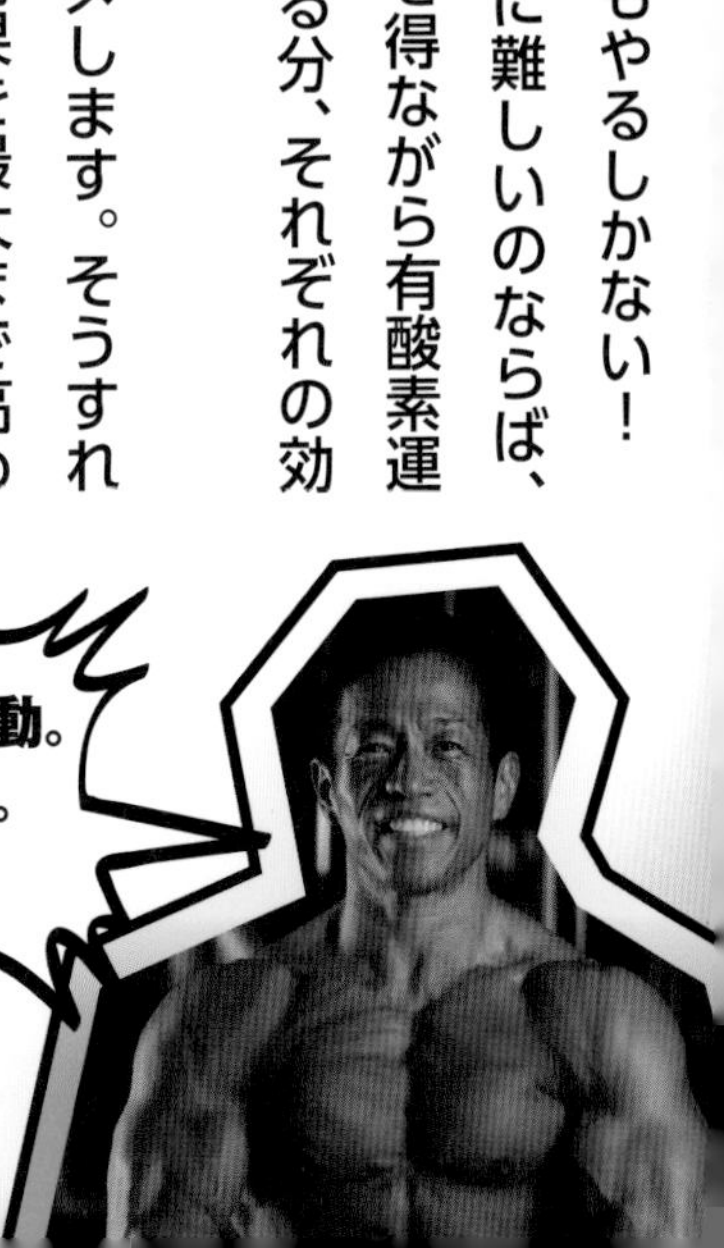

BAZOOOOKA砲!!

23 筋肉があれば言葉はいらない

現在はグローバル社会。さまざまな国の人たちとの関係性があることで、生活ができています。そんな時代を生きるあなたに、筋肉の価値を教えよう。海の向こう側で「お前の筋肉すげえな!」と絡まれた経験は、一度や二度ではありません。

井上康生・前監督の下で約9年間、柔道全日本男子チームの活動に携わりましたが、遠征先で海外勢のオリンピック金メダリストに絡まれる稀有な体験もしました。**鍛えている人は、その努力がどれほどのものかを知っている。**だから、たとえ

言葉が通じなくても、お互いにリスペクトが生まれるのでしょう。

私は東京オリンピック100kg級の銅メダリスト、ジョルジ・フォンセカ（ポルトガル）の体つきが好きで（筋肉が丸い！）、2019年の世界選手権のときに声をかけ、一緒に写真を撮りました。SNSも相互フォローしています。私の投稿は日本語ですし、普段はあまり反応はないのですが、久しぶりに出場したボディビルの大会写真を投稿したら、フォンセカから「ブラボー！」と拍手の絵文字が送られてきました（笑）。**筋肉が筋肉に反応するのは不可避。筋肉は国境を超える！**

人間も動物ですから、デカいものに対する尊敬、畏怖は必ずあります。「こいつと戦ったらヤバい」という、サバンナで何万年も培った直感が働くのです。けれども、そういった非言語コミュニケーション、無言の対話が、実はとても大事。人の第一印象は3秒で決まり、目から入ってくる情報が90％以上なのです。

我々アジア人は、骨格的にはどうしたって欧米人の後手に回るのですから、鍛えておくしかない。その手段は、筋トレはもちろん、武道も個人的にはオススメ。**日本ルーツの柔道や空手のような強さを求める鍛錬は、相手がデカくても、誰であろうとビビらない胆力を授けてくれる。そして日本文化の体得にもなる。これからのグローバル社会を生きる若人たちよ、筋肉とサムライ魂で生き延びろ！**

努力の結晶である筋肉はボーダーレス。
筋肉×武道のハイブリッドで、
グローバル社会を生き抜くべし！

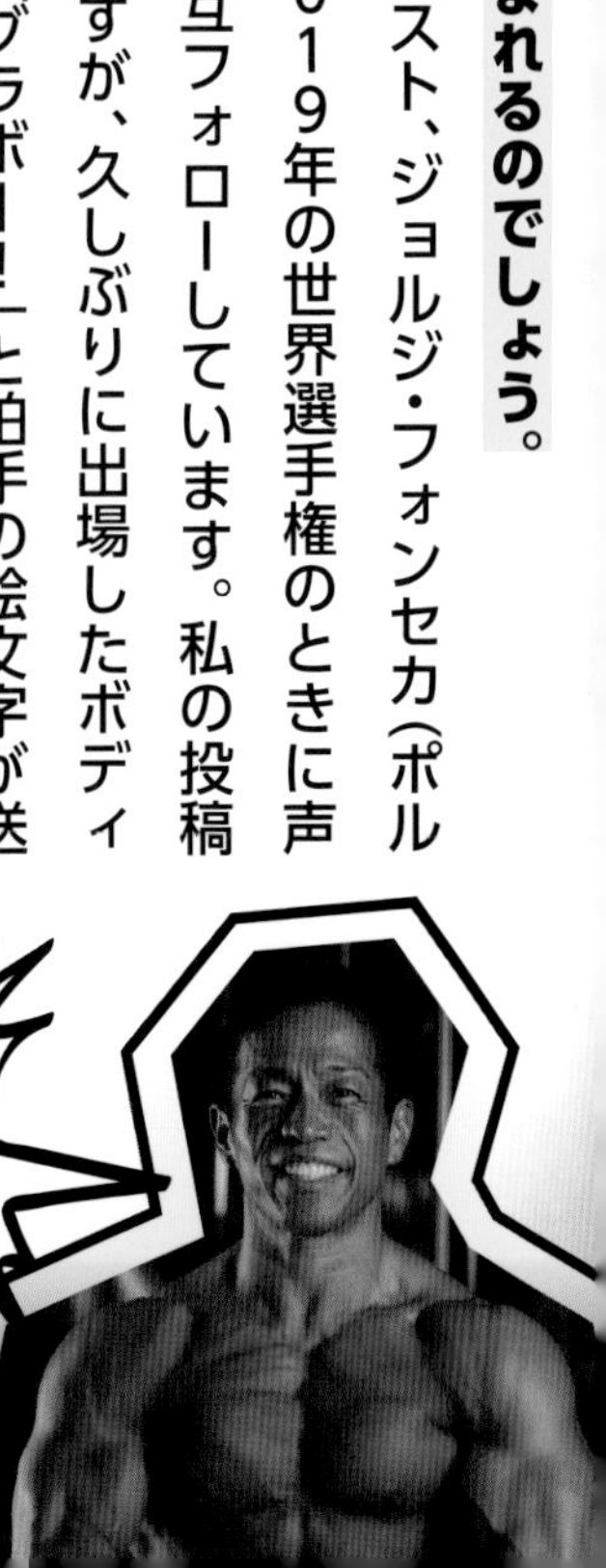

BAZOOOOKA砲!!

24 あなたの努力が誰かの価値となる

ミームとは「文化的遺伝」とも呼ばれ、自分の脳内から他人の脳内へと伝達可能な、習慣や技能、物語といったひとまとまりの文化的な情報を指す言葉です。本来、生物は世代をまたいで生物学的な遺伝を行いますが、ミームは生物学的なつながりを必要としません。大学教員として、経験や研究で得た知識や考え方を、次世代にミームとして残して世の中に貢献していくことが私の仕事であり、使命と考えています。

これがもし生物学的な遺伝を介していたら、何百年たっても広まることなど期待できません。社会を変え、影響を及ぼすには、ミームしかない。私自身、東京大学名誉教授・石井直方先生の生き方や行動に憧れてここまで来ました。ミームによって石井先生の情報を受け継いでいると自負しています。

今度は私が次世代へと情報を受け渡していく番。今はYouTubeをはじめさまざまなメディアがありますから、これまで以上に広げていくことが実現可能な時代です。私は教え子はもちろん、友人、さらにはたった今本書を手に取っているあなたにも、ミームという文化的遺伝を残しています。

「金を残すは三流、仕事を残すは二流、人を残すは一流」という言葉のとおり、人は人を残せてこそ最強であり、それが社会の発展につながる。ミームを残していくことはすなわち、人を残していくことなのです。それには、強烈なメッセージが不可欠。共感を必要とする現代では、指示・命令を出して統率するボスよりも、自ら率先して動くリーダーこそが理想。私のボディビル挑戦は、学生たちに自分の背中を見せることで、強烈なミームを残すことなのです。

決して大きなチャレンジじゃなくてもいい。筋トレでいい。筋トレによる肉体変化は、努力が目で見てわかる珍しいもの。これは人を感動させ、伝播します。あなたの努力がミームとなり、人生が変わる人が絶対にいる！

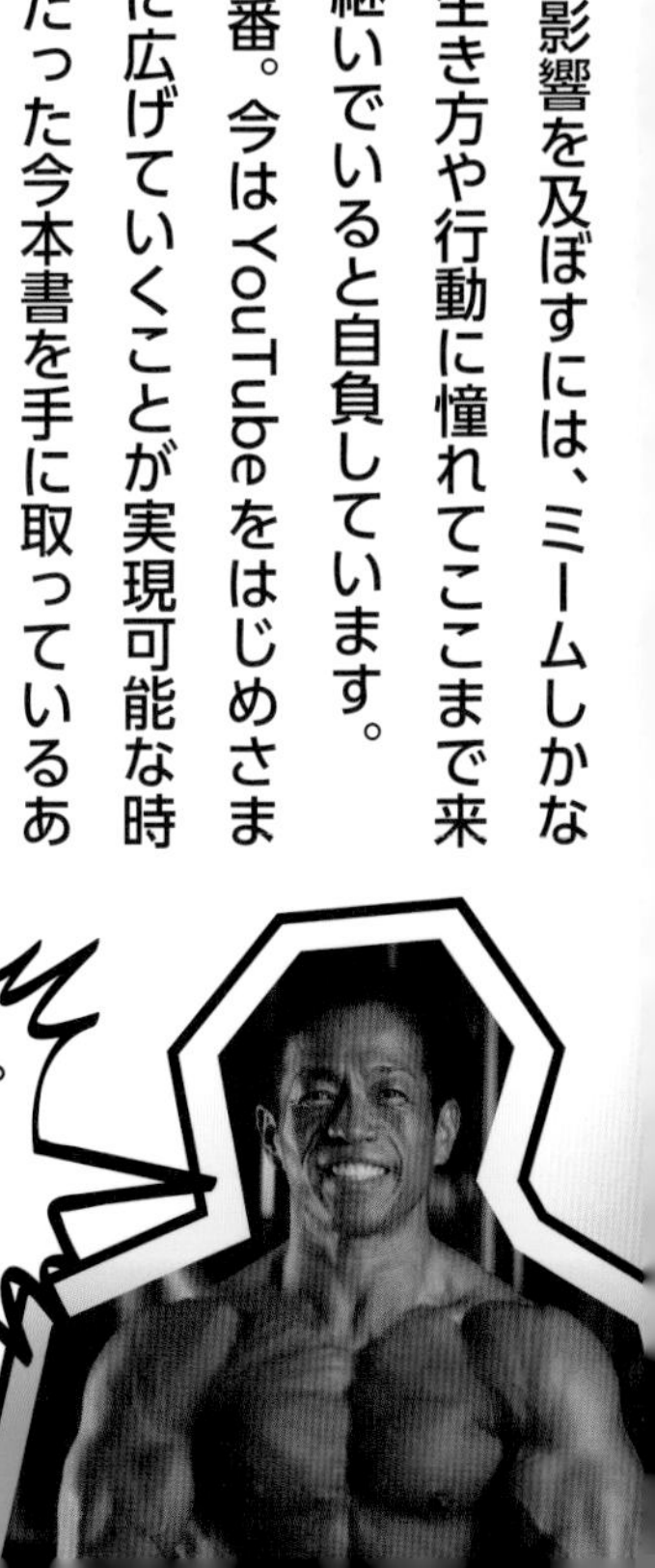

努力を可視化できるのが筋トレの良いところ。
人を感動させ、人を動かすことができる。
与えられる側から、与える側へ。

世界のミッツとの撮影舞台裏

この本で使う写真を“世界のミッツ”こと筋肉カメラマン、岡部みつるさんに撮影していただきました。「みつるさんに撮ってもらえるボディビルダーは一流！」ボディビル業界にはそんな言葉があるほど、すごいカメラマンです。

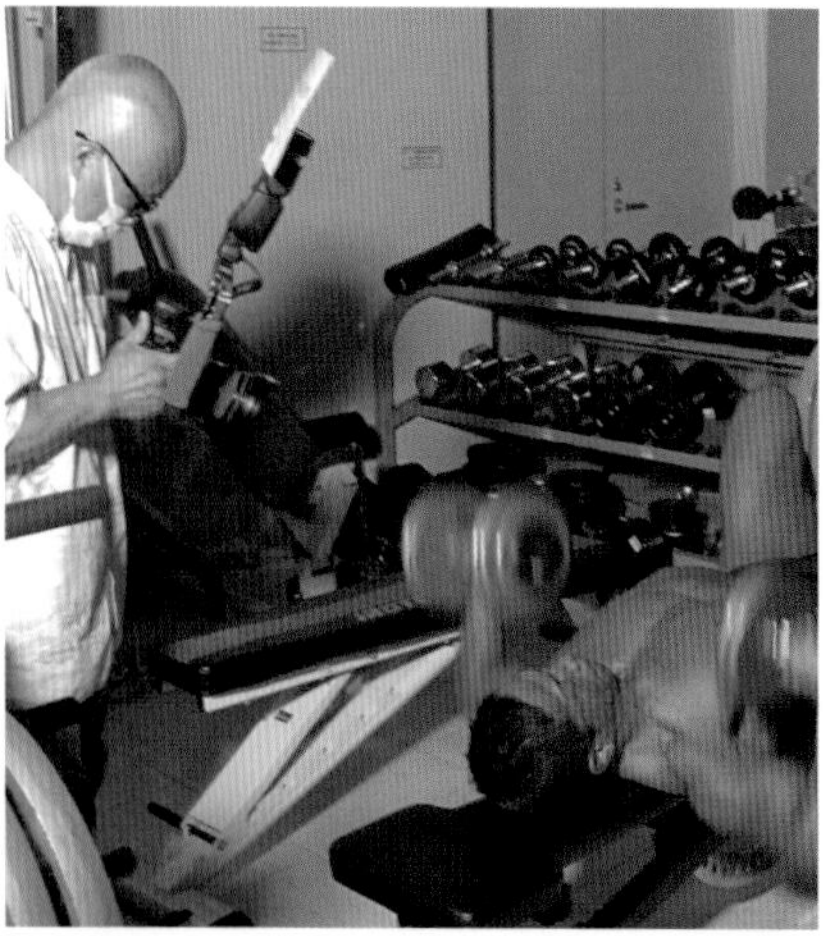

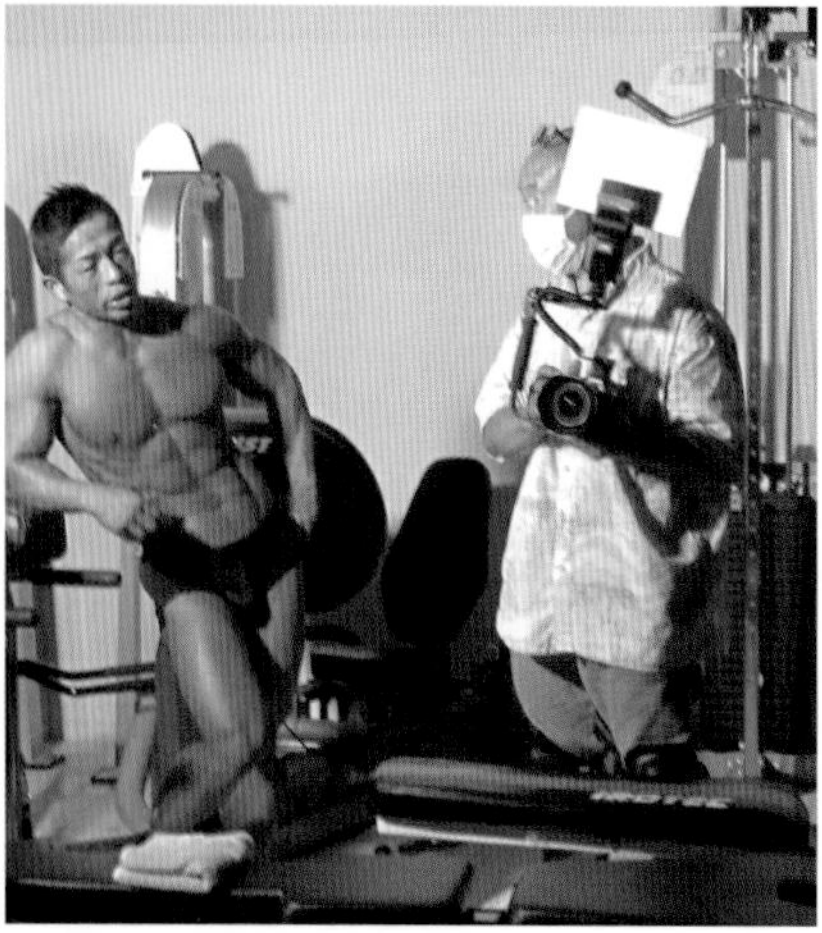

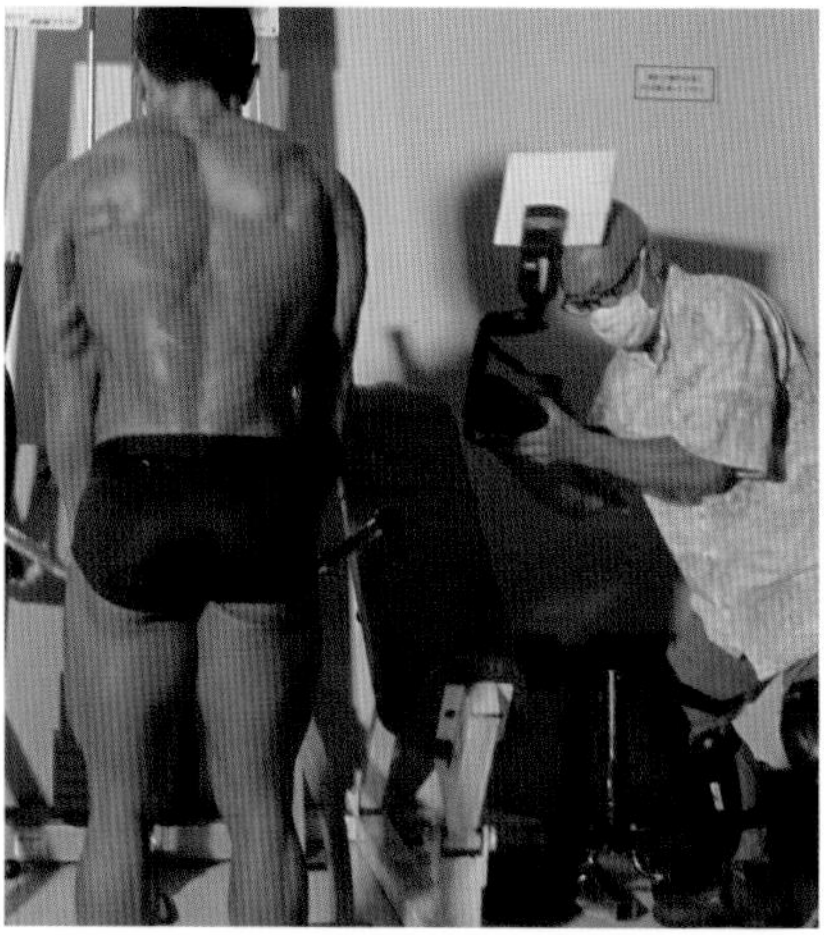

撮影は朝から夕方まで続きました。筋トレやポージングで力を入れ続けたこともあり、撮影後は絞れていました。以前は「いつ試合に出られなくなるかわからないから、写真に収めておいたほうがいいですよ」と、みつるさんに言われてもピンと来ませんでしたが、２ヵ月の入院でその意味がよくわかり、この撮影をお願いしました。

みつるさんの撮影では、私のテンションも上がりました。どれも最高の写真になったと感じています。

みつるさんは世界のトップビルダーの写真はもちろん、動画も多く制作しています。オリンピアを 8 連覇した伝説のビルダー、ロニー・コールマンが超高重量を前にして放つ「ライウェイ！ベイビー！（Light Weight Baby）」は、みつるさんの動画から広まりました。ライウェイ！

日本代表として世界の舞台へ

ボディビル大会は究極の実践の場です。私は４年ぶりの大会復帰を果たし、日本マスターズボディビル選手権を勝ち抜き世界選手権の切符をつかみました。変わろうとする覚悟が、自分を勝利に導いてくれたと強く感じています。ただ、誰もが日本一や世界一になることはできない。実際に私もほかの大会では負けています。では、その敗北に意味がなかったか？と問われれば、「そうではない」と胸を張って言える。

結果より努力し尽くしたことに意味がある。あなたが夢に向かって、頑張る姿に心打たれる人は必ずいる。努力の炎は伝播する。

写真提供／岡田隆

日体大ボディビル部の卒業生たちと世界の舞台に立つことができて感無量です。
左から、佐藤悠介・相澤隼人・五味原領。俺たちは何度でも立ち上がる。

恩師、東大名誉教授・石井直方先生のシグネチャーポーズ。世界の舞台で石井先生のミームを!

心を強く、自分軸で実験を重ねて除脂肪を完了した体です。

世界選手権銅メダル。優勝とはいきませんでしたが、私にとってとても価値のあるメダルです。

バズーカ岡田のビルドアップコラム②

すべてを「いい」か「悪い」かで結論づけるな！

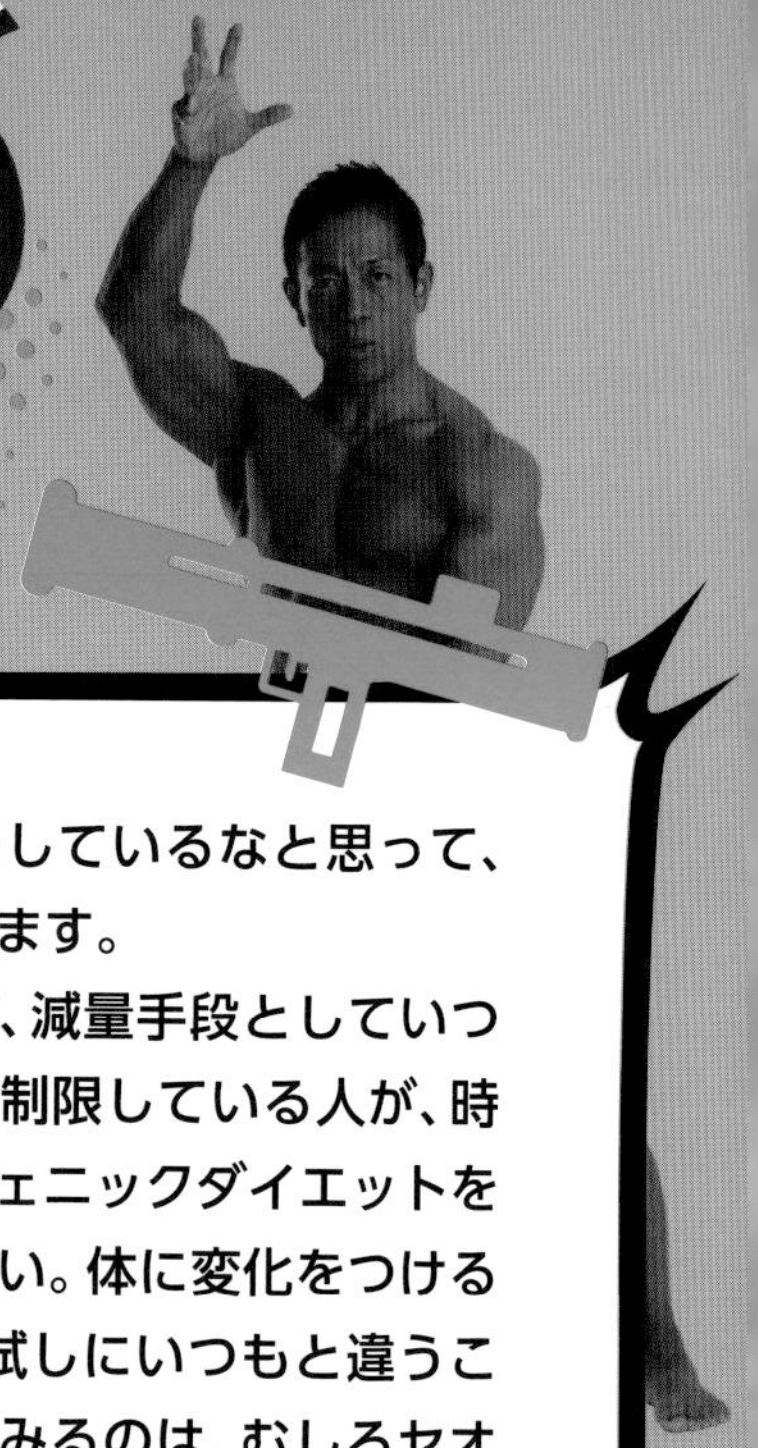

Twitterなどでたまに見られる「痩せるにはカロリー収支が最強」という主張。決して間違いではないのですが、たびたび「それさえやっておけばいいのか」という論争に発展します。確かにカロリー収支は体を痩せさせますし、筋肉と体脂肪の割合を変えてくれる。けれども、それだけでうまくいく人ばかりではないということは、理解したほうがいいでしょう。

意外と闇が深いのは、その論争が、カロリー収支vs.そのほかの方法の二元論で語られること。追い込むvs.あまり追い込まない、糖質制限vs.脂質制限、高重量・低回数vs.低重量・高回数など、すべてにおいて「いい」「悪い」の善悪二元論で語られる現象が、不思議でなりません。

なぜそこまで強固に是非を決めたがるのか、なぜそれらが共存してはいけないのか——すべてを善悪二元論に落とし込んで、つまらない議論をしているなと思って、私は見ています。

たとえば、減量手段としていつもは脂質を制限している人が、時にはケトジェニックダイエットをしたっていい。体に変化をつけるためなら、試しにいつもと違うことをやってみるのは、むしろセオリーです。あるいは、トレーニングにしたって、部位や種目、かけられる時間、疲労度合いなどに応じて、重要さや回数は変化するはずなのです。

それにもかかわらず、多くの主張は「Yes or No」に限られる。もしかして論破したい・マウントを取りたいから、あえてそうしているのでしょうか。日本人は「それ、意味ないから」みたいなのが好きですしね。**とはいえ大事なのは、第2章でお話しした自分軸。自分のなかに「こうだ」という軸を持った上で、何事にも柔軟でありたいものです。**

第3章

インフルエンサーの養分になるな！

筋トレや
ダイエットの
正しい知識で
心身を守れ！

BAZOOOOKA砲！！

25

甘い言葉や楽に立ち向かえるのが人間の強みだ！

「1週間で激瘦せ」「1カ月でマイナス10㎏」。多くの人にとって、魅力的に映る言葉かもしれません。そんな方法があるなら知りたいですよね。ただ、ダイエットについて語るとき、**私は「ダイエットはそれなりに時間がかかるもの以外あり得ない（効果が持続しない）」とお伝えしています。**それが真実だから。皆さんはこれから先もテレビで、本や雑誌で、ネット記事で、あるいはYouTubeで、ありとあらゆるダイエット情報を目にすることでしょう。新しい情報が出てくるたびに惑わされ、一生騙される〝養分〟になるのか、それとも自分の体を変えられる成功者になるのか。その違いは先にも述べたとおり、**ダイエットや体づくりにおいて、長期間に及ぶもの以外はすべて疑ってかかれるかどうか次第です。**

身についた体脂肪にもよりますが、多くの人は3ヵ月もすれば、かなり太っている人でも1年あればいい体になります。1ヵ月につき2㎏ペースで落としていけば1年でマイナス24㎏。牛乳パック24本が体から取れるんですよ？　ハンパない見た目の変化です。100㎏の人は76㎏です。超絶健康になるはず。

え、1年もかかるんですか、って？　それなら聞きますが、1年って本当に長い？　毎年年末になると「1年早いですね～」とか言ってません？　つらいことをしようとするから長く感じるだけで、普通に生きていたら1年なんてあっという間。この本を書いている今、私は大会に出るために1年近く節制を続けていて、皆にすごいと称賛されます。でも、**すごくストイックなことを1年も続けられる超人ではないですよ、私は。つらいことや我慢、ストレスが少ないようにやるべきことを設定できているから続けられる。**むしろ、肉体変化の喜びのほうが多いくらい！

ダイエットはこの計画性が大切なんです。焦ることなく淡々と体脂肪を落とし、日々気がつかないほどのわずかな変化を起こす！　それが真の近道だ！

ダイエットに時間は「かける」もの。
人生のうちの1年なんて、
長いわけがない。

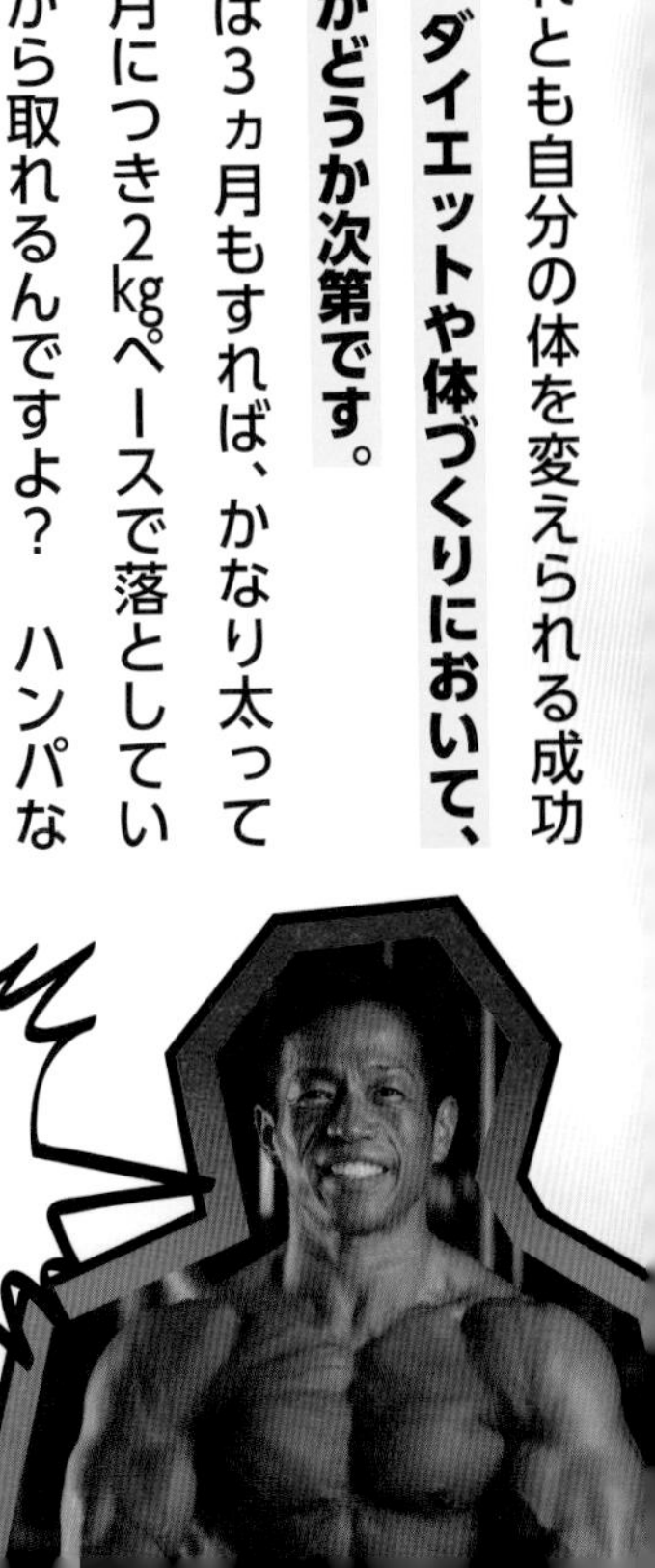

BAZOOOOKA砲!!

26

情報という荒野での思考停止は"死"に値する

テレビの仕事をいただく機会があります。番組で扱う情報についてしっかりファクトチェック(事実確認)されているかどうかはさまざまですが、ゼロということはありません。正しい情報を伝えようとする姿勢は素晴らしいですが、それが番組の求める情報しか言えない機能になっていることもある。ファクトチェックというよりも検閲になっているのです。

たとえばある番組では、『ご高齢の方がよく見ている番組なので『スクワットを10回×3セットやるといい』と言ってください」とスタッフ。もちろん本番では「限界までやってください」と言いました（笑）。また、バラエティ要素の強い番組では、面白おかしく話すと使われる可能性が高いという傾向も見え隠れします。このように、ファクトチェックはするけれど、それよりも作成者や企画者の意図が優先され、バイアスがかけられるため、必ずしも真実を伝えられているとは限らないのです。

検閲機能があまりにもひどすぎたり、偏向報道気味になったりすることを身近に感じ、それなら自らのメディアで発言しようとYouTubeを始めたのですが、YouTubeこそ無法地帯！　そこには果てしなく誤情報の荒野が広がっています。そしてこの荒野は、これからも無限に増殖していきます。時間を持て余す人ほど、本当か嘘かわからない情報との戦いに呑まれていくのです。

ひとつはっきりしているのは、正しい情報を抜き取れない人は、その情報源が何だろうと、待っているのは間違った取り組み。成果が出ないばかりか、健康を害することもある。そして大切な時間は確実に奪われます。時間は命、すなわち「死」を意味します。一生そいつの〝養分〟、確定です。ちまたにあふれている情報は、自身でファクトチェックしないと危ないことを理解してほしい。それをする時間や知識がないのなら、**ファクトチェックをきちんとしている人の情報を信じろ！**

**高いメディアリテラシーを持つ。
自信がないのなら、自分の代わりに
事実確認する人＝俺を頼ってくれ！**

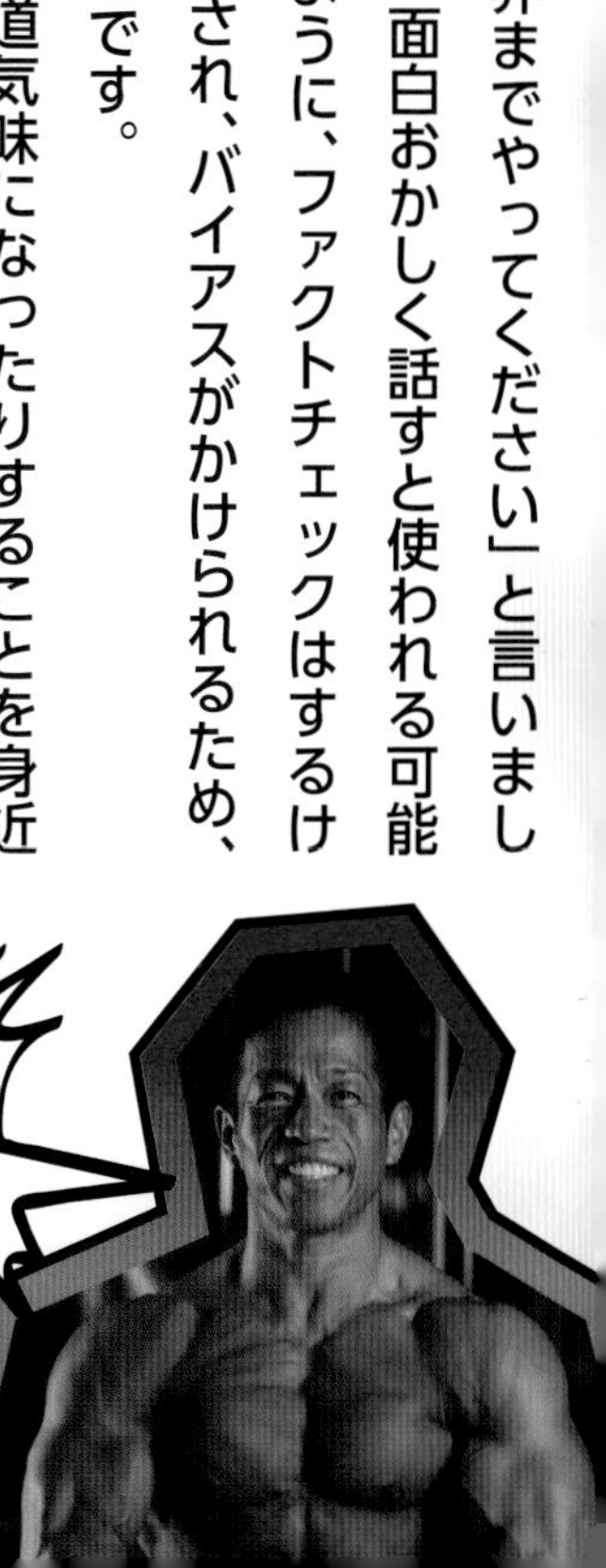

BAZOOOOKA砲!!

21

魅力的なSNSは時に時間を奪う悪魔と化す

情報の無法地帯であるYouTubeを賢く活用するには、まずその構造を理解すべきです。

YouTubeで最初に目にするのがサムネイル。それで視聴者をグッと惹きつけられるのは、優秀なユーチューバーといえます。一方で、それらがどんなにひどいものでも許されてしまうのがYouTube。**再生回数を稼ぐために、サムネイルを多少過激にするのは常套手段です。**

本来、記載する文言には気をつけないといけません。私は商品開発も手がけていますが、一緒に開発するメーカーは、薬機法や景品表示法に、これでもかというほど神経を尖らせます。パッケージに「これを食べたらマイナス5kg！」と記したダイエット商品なんてないでしょ？

そうした**諂い文句や煽りは人々の有益な時間を奪い去り、世の中の生産性を落とす悪の所業でしかありません。**SNSは、本当に有益な情報以外、人をダメにする危険があるのです。

大切なのは、自分のなかに絶対的な法則をつくっておくこと。たとえばボディメイクなら、カロリー収支というポイントを押さえることが大切。太るか痩せるかは、消費エネルギーと摂取エネルギーの差分で決まります。摂取カロリーが消費カロリーより少なければ、それだけで痩せるということです。

YouTubeをのぞくと**「1日5分　超楽々の○○で痩せる！」みたいな動画が多く、再生回数がえげつないものもある。でも、気をつけて。この○○をプラスアルファでやる分には別に問題ないですが、カロリー収支度外視で、これだけやっても痩せるわけがない。**そんなことをする時間があったら、俺なら寝るぞ!!

見ていると楽しいし面白いものもあるけれど、それに踊らされたら人生損しかない！

**盛大な煽りに揺るがない、
自分のなかの絶対的法則をつくれ。**

BAZOOOOKA砲！！

28

短時間の施術は一瞬の輝き 除脂肪は永遠の輝き

体を整える手段に、ストレッチやマッサージ、エステなどがあります。セルライト除去を目的とした施術もありますね。見た目の悪さから、セルライトが嫌で、施術でなんとかしたいのもわかりますが、ちょっと考えてみてください。絞り切った体にセルライトのあるボディビルダーがいますか？　見たことないでしょ？

私だって増量期はセルライトがある！

けれど、普通の除脂肪をすれば、特別なことをしなくてもセルライトはなくなる！　むしろそれが正しき道。

とはいえ、ストレッチもマッサージもエステも、体の組織を柔らかくし、体液の循環を良くする行為で、それ自体はマイナスではないし、むしろプラス。それに施術の後は、体が細く見えたり、筋肉のカットが出やすかったりするのも事実。体脂肪が少ないときはとくに、見た目が大きく変わります。私自身、大会前にそうした技術を駆使し、カットを深くしたこともありますが、残念ながら根本的な解決にはなりません。すぐ元に戻るし、大きく痩せる効果はないと理解してほしい。

見た目が変わるのは、体水分が移動しているから。体水分って、すぐ移動します。研究の現場でも、脚の筋量を評価するときにMRIを撮るのですが、脚に水分が溜まっていると正しく評価できないので、しばらく足を上げた姿勢を取ってむくみを除去してから測ることも。足は上げるだけでむくみが取れ、細く見えるんだ。

結局、真の痩身を手に入れるなら除脂肪するしかない。カロリー収支のコントロールが大前提。同時に栄養素の内容調整を行い（PFCなど）、その上でマッサージやエステに行くからこそ、得るものが大きいんだ。自分で大切につくり上げた体は長く大切にできる！

手技・施術の類《たぐい》は体をより充実させる彩りを加えるもの。主役が弱ければ彩りがあっても効果は薄い！ **己を高めることを最優先するんだ。**

体水分の移動など、一瞬でつくった体は大切にできないものだが、自分でじっくりつくった体は長く大切にできる。

BAZOOOOKA砲!!

29

王道を外すな!

ここまでに「カロリー収支を考えなさい」という話をしてきました。摂取エネルギーが消費エネルギーを上回らなければいいという理屈ですが、そうすると、何かを極端にカットするとか、食べないという選択肢を持ち出すことがあります。

ケトジェニックは糖質をカットして脂質とタンパク質を摂取するものですし、ファスティングは固形物を一定期間断ち、その間は酵素ドリンクで最低限のエネルギーを確保します。バナナダイエットならバナナのみ。このように、過激にカットしたり、特定のものだけ食べたり飲んだりする方法は、割とあるものです。

何をやっても体は変わりますが、**重要なのは、なりたい体に向かっているか、継続できるか。偏りすぎた食生活で、本当に健康に生きていられるのか？** そう考えると、極端な食事法は推奨できません。むしろ不健康になるリスクが高い。母ちゃんやばあちゃんが言いそうですが、バランスのいい食生活が一番なんです。ただ、いいバランスを定義づけする必要はある。

それでいえば、厚生労働省が推奨する食事摂取基準に近い形で取り組むのが安全。一生懸命研究してきた人たちが集まって出した数字は、素人が考えるバランスよりいい確率がはるかに高い。

今シーズンの私は、その数字に割と近いＰＦＣバランスで除脂肪を進めました。脂質を極端に抑えることもなかったし、タンパク質もむやみにとりませんでした。トレーニング歴が長く、どんどん筋肉がつく状態でもないし、年齢を考えると肝臓や腎臓など内臓も大切にしてあげたい。

本書の写真を見てもらえれば、きちんと除脂肪できているのがわかると思います。ちゃんとトレーニングできて、カロリー収支がコントロールできていれば、なんの心配もない。極端なものや変わったものが正義じゃねぇんだ！

**なりたい体になれる・ストレスなく
持続できる・健康維持、
この３つを満たす食事は必ずある。考え抜け。**

BAZOOOOKA砲!!

30 全ては心 やり遂げる心と計画を!

「1日5分の○○」や、ストレッチ、マッサージ、エステといった手技・施術は、束の間の彩りだと話しました。王道を外し、ついそれだけに頼ってしまいそうな存在はほかにも多くあります。たとえば、腸内環境改善や老廃物除去などの痩せ体質になるというもの。腸内環境を整えることで便通がよくなりますから、体調はよくなる。また、老廃物を排出するためには汗をかきます。体水分も減りますし、わずかながらエネルギー消費が促されるので、カロリー収支を考えたときには、痩せる方向に進むといえるでしょう。やる価値はもちろんありますが、基本的には食事と運動のカロリー収支やPFCバランスといった軸があって初めて生きてくる。

あるいは、猫背、巻き肩、骨盤の歪みを改善しないと痩せない、と主張する人もいる。これも正しい位置、よりよい姿勢が獲得できれば、トレーニング効果をより得やすい可能性はあるけれど、猫背だろうが、骨盤がちょっと歪んでいようが、食生活や運動の基本軸ができていれば痩せるし、巻き肩でもボディビル大会に出られるくらいに絞れる。かくいう私も巻き肩です。姿勢や体型はあまり関係なし、**そういう理論を振りかざす人に限って、いい体じゃないことも少なくない。**

体づくりに必須の3要素は、運動・栄養・休養。そして、それらをやろうと自らを突き動かす心だよ。つまり、運動・栄養・休養に加えて、心が変わらないとダメなんだ。心が変われば運動も変わるし、栄養も休養も変わる。だから最初は心。やり遂げる力がある人は続けられるので、手段は人それぞれでも大抵ちゃんと絞れる。

でも、人間の心は得てして弱いもの。だから、ラクして痩せる情報を見るとそこに逃げてしまうことがある。もったいない。一度でも「やってやる！」と決意したなら、王道を押さえた上で、彩りを楽しめばいい。やり遂げる力が強くなくても、自分がストレスを感じにくく、長時間実施できる計画にアレンジしていこう。

**心が変われば運動・栄養・休養の
計画が変わり、体が変わる。
楽を求める心に愛のムチを打て！
結局自分に返ってくるから、おいしいだけだ！**

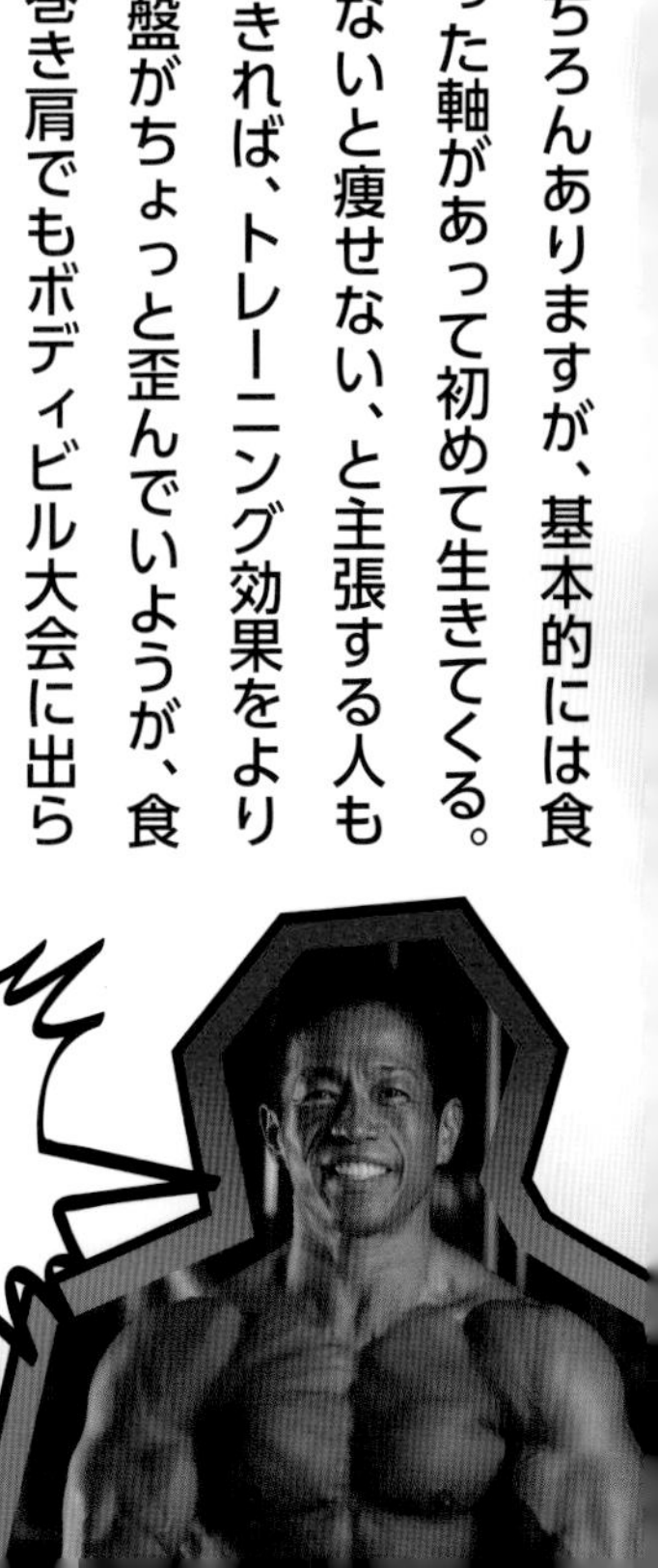

31 完璧などない 自らの選択を成功に近づける柔軟思考を

世の中には、体にいいと謳われる食品や、効果が高いと思わせるイメージのサプリメントが山のようにあります。「天然由来」「漢方」「ナチュラル」「オーガニック」といった言葉に心惹かれる人は、少なくないのではないでしょうか。

では、これらだけで生活すれば、本当に健康でい続けられ、寿命も延びるのか？　残念ながら、これには明確な答えがない。小中高生の子どもの親御さんから、「子どもがサプリをとっても大丈夫ですか？」「子どもにいいサプリはないですか？」

と聞かれることがありますが、正直に言って本当にいいものかどうかなんて誰にもわからない。原材料すべての生育や処理の過程を見届け、そしてジャッジできる知識を持つ人などいないからだ。そもそも体に良い食事とサプリだけで生きてきた人はいないだろうし、それは金銭的にも難しい。だから、なるべく**自分で考え、継続可能で、信用できる食材や商品を活用する。**しかしそれがいつもできるはずはないので、柔軟な考えを持って食材や商品を選ぶしかない。

さらに、体にいいからという理由で、とりすぎることこそいけない。タンパク質も、過剰摂取すればエネルギー過多で太ります。オメガ3脂肪酸や、体脂肪や内臓脂肪を減らすというMCTオイルだって、その正体は脂質ですから、とりすぎればもちろん太る。ボディビルダーが、ナッツの脂質は体にいいからと食べまくって太るのは、あるあるの笑い話です。

「体にいいものしかとらない！」とこだわるのは構いませんが、どれだけ気遣っても、病気になるときはなる。未来は誰にもわからない。「こんなに頑張っていたのに……」とならないくらいに、肩の力を抜こう。そういう意味でも、口にするものも柔軟に選び、過剰摂取に注意したほうが、楽しく気楽に生きられる。選択肢を狭め、自分を自分で追い詰めすぎてもいいことはない。

健康にいいものだけでは、健全とは言い難い。
どんなものも血肉に変える度量が、
食には肝要だ。

BAZOOOOKA砲！！

32

「体重が減ればいい体になる」幻想をぶち壊せ

70ページで「ダイエットはそれなりに時間がかかるもの以外あり得ない」と話しましたが、数字上は短期間で体重を減らすことが可能です。それは水抜き。体水分であれば確かに短期間で抜くことができますし、それ自体に効果がないわけではありません。たとえば一世一代の勝負の日。ボディビルの大会や格闘技の試合を翌日に控えているときには、水を抜くことがある。リテラシーを持ち、正しいやり方がわかっているならば、有益なテクニックといえます。

しかしながら、それが**本質的なダイエットでないことは肝に銘じるべき。**水分が減って体重が落ちているのを、体脂肪が減っていると思っているのだとしたら、リテラシーが低すぎます。

その裏には、「体重が減ればいい体になっている」という強い幻想が見え隠れします。数字にとらわれるあまり「水抜いとけばいいんじゃね」という短絡的な発想。非常に危険です。水を抜く前に、脂っこいものやめろや！

最近はサウナを楽しむ活動、通称〝サ活〟が流行っていますが、体重幻想に縛られていると、サウナや半身浴で一気に体重が1kgや2kgも減るとうれしくなって、その数値を維持しようと水分補給をしないことがある。確かに減った体重は維持されるから気分はいいでしょうが、**体は脱水状態。血液はドロドロで、最悪の場合、心臓や脳の血管が詰まる恐れもあります。**また、水が抜けるときには一緒に塩分も出ていきます。すると、体は「水分と塩分がなくなった……死んじゃうかも！」と、塩分と水分を再吸収しようとするだけでなく、今度は水を溜めやすい体になってしまいます。

格闘家も、水抜きだけで減量をパスするわけじゃない。除脂肪期間に体脂肪を落とした上で、最終手段の水抜きなんだ。一般人に水抜きはいらないからな！

**減量は数字遊びじゃないんだ！
体脂肪が落ちたのか、
水が抜けただけなのか、ちゃんと理解しろ。**

BAZOOOOKA砲!!

33

悪いのは小麦じゃない
人間の欲だ

減量中は、食べる量のコントロール以外に、自分の代謝のコントロールを忘れてはなりません。そのためには、食べて動くことで代謝を上げなければダメなんです。代謝の低下あるいは増加は、すさまじい範囲で起こります。

5000キロカロリー近く摂取しながら、それでも減量が進む人もいれば、たった1000～1500キロカロリーしかとっていないのに、ちっとも体が変わらない人もいる。後者はどれだけ代謝が落ちているんだ？ っていう話だ。

でも、もっと恐ろしいのは、絞れない人たちが、食材に罪を着せること。「全然食べていないのに太った！　小麦のせいだ！」「やっぱり白米を食べると痩せない！」いやいや、悪いのは代謝の低さだ。

小麦を食べてむくむケースはまれにあるが、小麦NGを叫ぶ大多数の人は、小麦＋油の組み合わせで体脂肪がついているだけの可能性が高い。うどんやそばに天ぷらをのせていないか？　パンに大量のバターを塗っていないか？　ダメなのは、より濃い味を求める**人間の食欲と小賢しい知恵だと理解するべきだ。**濃い味を求めるのは、常に飢餓と戦ってきた人類の性《さが》だし、飢餓と隣り合わせの時代においては生存戦略上正しい。しかし**現在では、それがむしろ病気や死を招く。糖尿病や肥満に関連した死のほうが飢餓よりもはるかに多いのは皮肉なものだ。**私が「コンビニでそばを買ったらいい」と話すと、「コンビニのそばは小麦が入っています」と言う人もいます。小麦アレルギーじゃないなら別に関係のない話。とにかく小麦否定の流れがすさまじすぎて、小麦が本当にかわいそう。

特定の食材を悪者にすると、それを一生避ける羽目になる。小麦と米が世界人口のカロリーの多くを担っている以上、避け続けるのは、食料事情を考えても難しい。食材を悪者扱いする前に、己の行動を見直してみるべきではないか？

**食材を悪者にしてそれでいいのかい？
自分自身はどうなんだい？
食材、生産者の皆さますべてに感謝。**

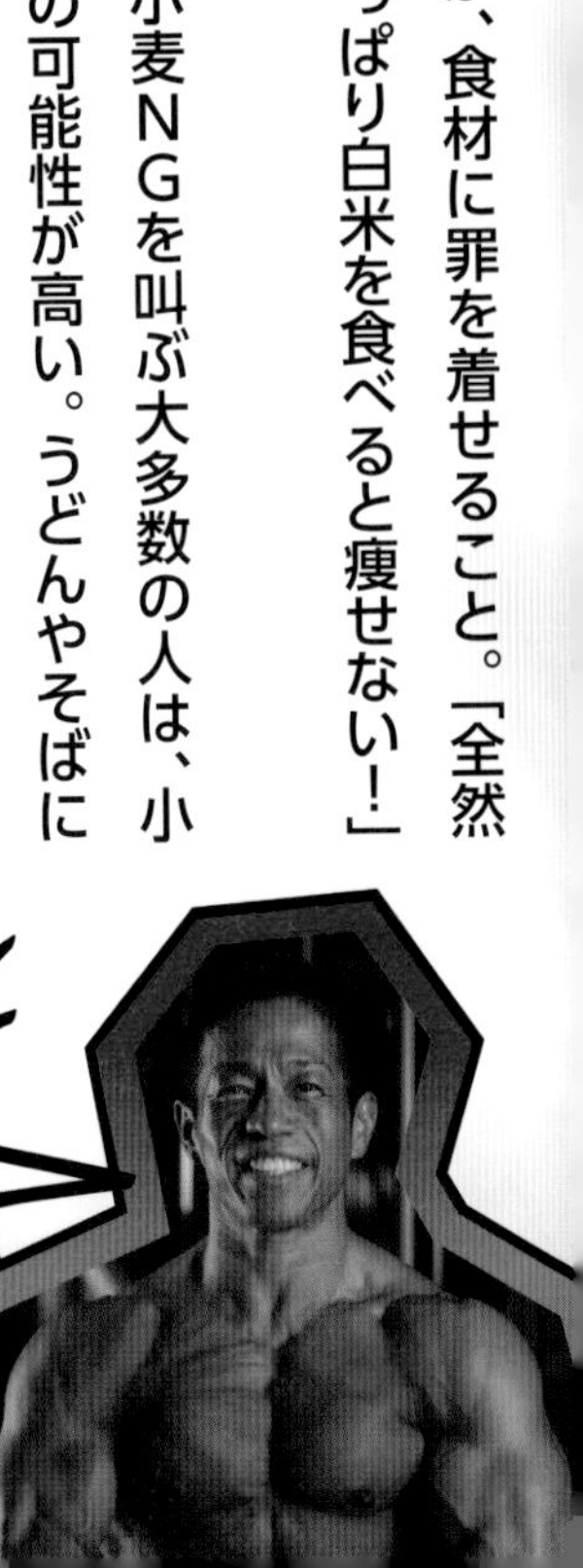

34

「これはダメ」動けなくなる呪いマインドブロック

食材に罪を着せるという点で、もうひとつ触れておきたいのが、人工甘味料や保存料に対する嫌悪感。そのすべてを口にしないことができるならいいですが、本当にできんの？という話です。そもそも人工甘味料や保存料を大量に、かつ長期間摂取した人のデータがたくさんあれば別ですが、長期的に見て本当に害があるかどうかの判定は難しいもの。少なくとも一般的な食事や食材に含まれる程度なら問題がなくて、だから世の中に出回っている食品にも使われているわけです。

それなのに、ちょっとでも口にしたら体に悪い影響を及ぼすかのような発想になってしまっている。その偏った思考により、人間が開発した有益な食品を使えず、身動きが取れずにむしろ不便に陥っている人もいるのではないでしょうか。

たとえば、食材の飼育方法を気にする人もいますよね。確かに大事ですが、そこまで気にしていたら何も食べられなくなります。「可能な範囲で気をつけましょう」くらいのほうが、持続性があります。

実は最近、自然食への回帰をコンセプトに、グラスフェッドの牛で人工甘味料０％のホエイペプチドを開発しました。これね、うまい！　とは言い難いです。使える原料が限られるので。そしてグラスフェッドや天然甘味料だと高い。まずくて高い、単純に多くの人にウケるかどうかだけを考えれば最悪です（笑）。でも、自然食に近いものをとりたい層に届いて、活用してもらえればいいと考えています。

一方で、監修を務めるプロテインバーには人工甘味料が入っています。けれども多くの人に、いつでも手軽に食べられるタンパク質を届けることができる。**要は使いどころ。**「天然甘味料がいいけど、今のタイミングはそうでなくてもＯＫ！」という人もいるだろうし、それでいい。**自分が置かれた状況やタイミングに応じて、必要な商品を自分でマッチングして、みんなハッピーになろう！**

**どんなものも使い方次第。
これはダメだと頭を凝り固めずに、
今自分に必要なものは何かを柔軟に見極めよう。**

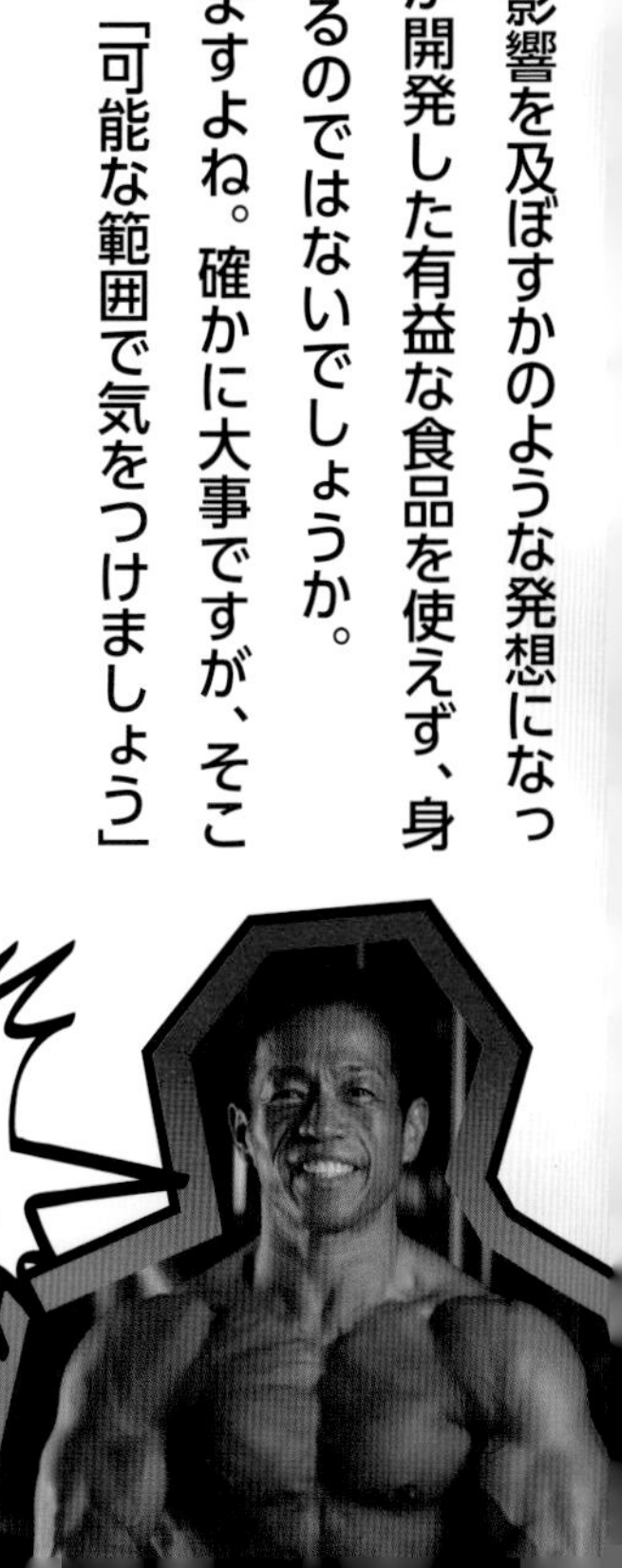

BAZOOOOOKA砲!!

35

努力の重みがない筋肉に価値はない

薬物で筋肉を大きくする行為は、今や社会問題に発展していると言っても過言ではありません。そしてSNSの影響力や、ドーピングチェックを行わないボディビル大会の存在が、その社会問題に加担している可能性は、否定できません。

私は使ったことがないからわかりませんが、禁止薬物を使用してどうするのでしょう？　そんなものを使わなくたって、トレーニングと食事で、体はデカくできる。死や病気の危険、そして心の安寧をおかしてまで筋肉をデカくする必要はあるのでしょうか？　**先祖代々から受け継いだあなたの体と心を傷つけて、不当に得たその筋肉に価値はあるのか。不当でないならば、声を大にして薬物使用を公言すればいい。それができないなら、いま一度考えてほしい。**

国内大会、それもアンチ・ドーピングを掲げている団体の大会で、薬物に頼らなきゃならないのは、私に言わせれば心が貧しすぎる。自分の才能のなさや努力不足を受け入れられない、情けない人だと思います。私はなぜ薬を使わないのか。それは美学である。多くの人が合意している世界的ルールに則り、勝負する。**情報を発信する者としても、ひとりの地球人としても、当然のことです。**「体に悪いから」「社会悪だから」という以前に、筋肉がたくさんつかなかった自分を情けないと思ったり、そんな自分が嫌だと薬に頼ったりすることが、悲しい行為にしか思えません。大会に負ける自分の存在を受け入れる心のトレーニングから始めろ！

そんなことしなくても、あなたの価値は変わりません。人間の価値は筋肉だけではまったくない。筋肉がつかないことを受け入れられないのなら、これから先、何をしてもつらくなってしまいますよ。人生は思いどおりにいくことのほうが少ないのですから。**人は筋肉の大きさに感動するんじゃない。その人の努力の結果に感動するのです。**

**筋肉は努力の結晶ではあるが、
筋肉の量で人間の価値は決まらない。
人と比べず、好きに筋トレしてほしい。**

世界大会の激闘

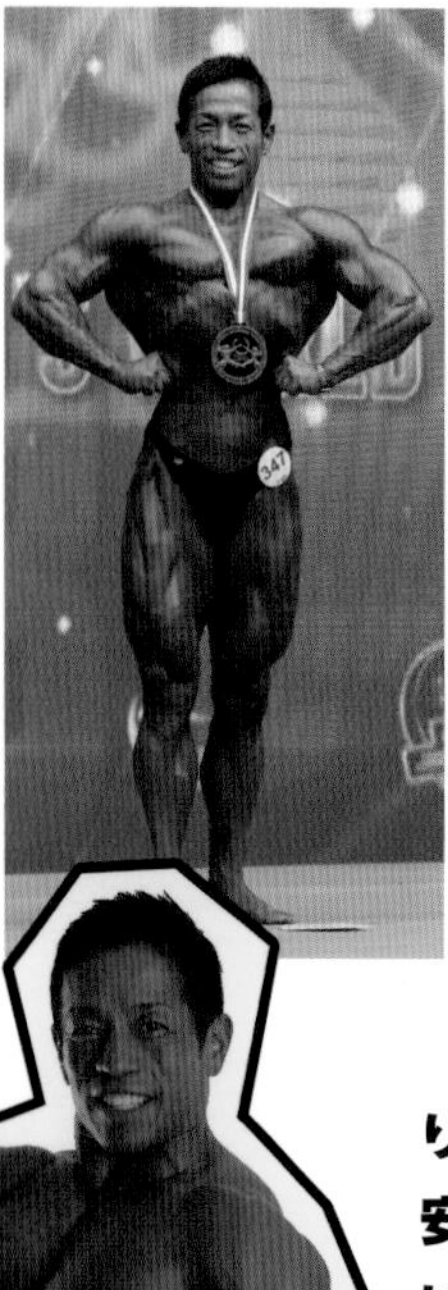

皆さまの応援で、世界選手権３位入賞できました。ありがとうございます。フライトや環境の異なる海外……不安要素が多いなかでも、仲間のおかげで、世界選手権という大舞台でも競技に集中できました。人は絆や心の持ちようで強くなれる生き物。心を強く生き抜きましょう。

ボディビルかけ声辞典

ボディビル大会が広く認知されるきっかけにもなったボディビルのかけ声。鍛え上げた選手に、称賛や応援のかけ声がかけられるボディビルの文化はとても良いもので、これは観客も選手の尋常ならぬ努力へのリスペクトがあるから成り立つといえます。かけ声は筋肉、いや努力に対する愛の言葉なのです。『ボディビルは人体を使った、魂のアートである』皆さまも会場で、筋肉のアートとかけ声を楽しんでみてはいかがでしょう。

おもしろ厳選！ ボディビルかけ声

- そこまで絞るには
眠れない夜もあっただろう！
- 大胸筋が歩いてる！
- 腹筋がカニの裏！
- 脚の樹齢が 4000 年！
- 上腕二頭筋がエベレストのようだ！
- 背中が広すぎて後ろが見えない！
- 背中がユーラシア大陸！
- 筋肉の集団面接!!
- カットが深すぎてコインが落ちたら
見つからないじゃないか！
- ここは筋肉島か!?
- 肩メロン！

おわりに

最後まで読んでいただき、ありがとうございます。

筋トレやダイエットに対して、これまで以上に前向きになれているでしょうか。今すぐにでも筋トレしたいと思えていただけたなら幸いです。

私なんかが、こうして語っていられるのは、運よくこの時代に生まれ、今という時代が求める情報と私の努力の方向性とがたまたまマッチしただけです。それなのに終始えらそうに語ってすみません。

皆さんにはぜひ、外野にとらわれることなく、自分が成長することだけを考えてほしいと思います。人と自分を比べる必要はありません。本書のなかにいろいろな筋トレの知識をちりばめたのは、**体を鍛えるにも、心を強くするにも、知性が必要だから。ともすれば「脳筋」と揶揄される世界。しかし、泣く子も黙る体に知性が加われば、鬼に金棒です。**

だからこそ自分の成長にしっかりと目を向けて、自分の良さを感じていただけたなら、人と比べて悲しくなることもないでしょう。本書を手に取ってくださった皆さんが、自分自身を認め、その可能性を信じ、心すこやかに体づくりに励まれることを願ってやみません。

日本体育大学教授　岡田　隆

No Pain No Gain

体づくりには人生を変える力がある

【著者】
岡田隆（おかだ たかし）【体育学者】
日本体育大学 教授／博士（体育科学）／日本オリンピック委員会科学サポート部門員／2012年～2021年柔道全日本男子チーム体力強化部門長／日本ボディビル＆フィットネス連盟 ジュニア委員会委員長／理学療法士／スポーツトレーナー／ボディビルダー／骨格筋評論家／バズーカ岡田

1980年、愛知県出身
日本体育大学大学院体育科学研究科修了。東京大学大学院総合文化研究科博士後期課程単位取得満期退学。総合病院、整形外科クリニックに勤務後、2007年4月より医療従事者、トレーニング指導者、アスレティックトレーナーの養成大学に着任。
現在は日本体育大学教授として研究、教育、実践を重ねる。

2012年～2021年、日本オリンピック委員会強化スタッフ（柔道）、柔道全日本男子チーム体力強化部門長を務めた。2016年8月リオデジャネイロオリンピックでは、史上初となる柔道男子全階級メダル制覇、2021年7月東京オリンピックでは、史上最多となる金メダル5個獲得に貢献。

日本体育大学ボディビル部の顧問を務め、全日本学生ボディビル選手権では学生たちを個人、団体ともに優勝に導く。
研究、教育、競技指導のみならず、自らも究極の実践者としてボディビル競技に挑戦し続けている。ボディビル競技の初挑戦は2014年。

4年ぶりの復帰を果たした2022年シーズンでは第34回日本マスターズボディビル選手権大会40歳以上にて優勝し、日本代表に選出。世界ボディビル選手権大会では40-44歳70kg以下級で第3位となる。

骨格筋評論家「バズーカ岡田」の名で『超人女子戦士 ガリベンガーV』（テレビ朝日系列）『ホンマでっか!?TV』『ジャンクSPORTS』（フジテレビ系列）をはじめとしたテレビ、雑誌など多くのメディアで活躍中。
『リバウンド知らずの“脂肪撃退”マニュアル 除脂肪メソッド　ハンディ版』（ベースボール・マガジン社）、『栄養で筋肉を仕上げる！ 無敵の筋トレ食』『「食べる」を増やして、絞る！最高の除脂肪食』（ポプラ社）など、著作多数。累計100万部を突破している。

また約26万人登録のYouTube「バズーカ岡田の筋トレラボ」にて体づくりの正しい知識技術の啓発活動を行い、その実践の場としてパーソナルジムSTUDIO BAZOOKA、コンディショニングスタジオACTIVE RESETを展開している。

▶公式サイト　https://bazooka-okada.jp/

最強パワーエール
誰でも筋肉とメンタルは強くなる　筋トレで人生の主人公を取り戻す 31 日

2023 年 1 月 17 日第 1 版　第 1 刷発行

著者	岡田隆
発行人	子安喜美子
発行所	株式会社マイクロマガジン社 〒104-0041　東京都中央区新富 1-3-7 ヨドコウビル TEL03-3206-1641　FAX03-3551-1208（販売営業部） TEL03-3551-9564　FAX03-3551-9565（編集部） https://micromagazine.co.jp
印刷製本	株式会社光邦
本文写真	岡部みつる、他
カレンダー写真	岡部みつる、他（岡部みつる担当 1,2,4,5,7,8,10,11,12,13,14,16,17,19,20,22,23,25,26,28,29,31）
カバー・本文イラスト	行徒
編集	清水龍一／岡野信彦／太田和夫
編集協力	森永祐子
装丁・巻末カレンダー	大山恵理佳（有限会社バナナグローブスタジオ）
本文デザイン	板東典子

2023 Printed in Japan　ISBN978-4-86716-378-8　C0030

最強
パワーエール
日めくり
バズーカ岡田と共に強くなる31日

1 鍛錬は人類にのみ許された崇高な行為だ

自分の思考で止まってないか？

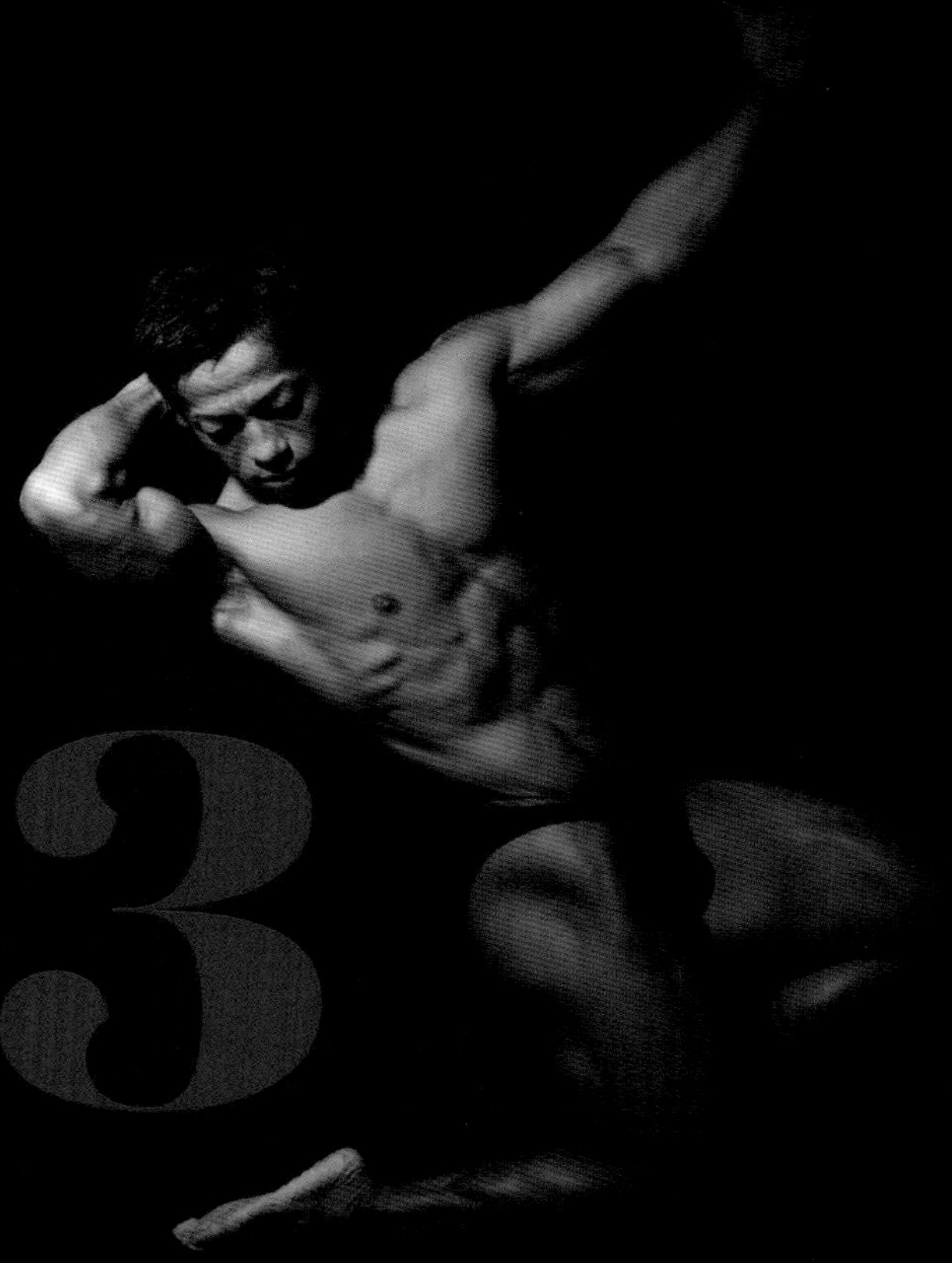

3

〝究極〟から学びリミッターを外せ

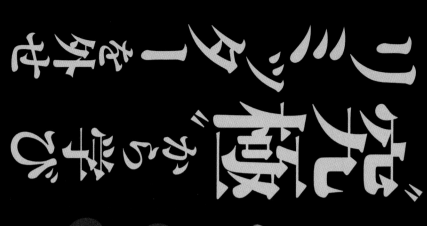

4
筋肉だけ
じゃない
全ての
細胞に筋トレが効く

転ばぬ先の筋トレ

5

鍛えた筋肉の恩返し

人類の叡智「数字」使いこなしてこそ

6

7
高重量という
恐怖に立ち向かう
勇気を持て!

除脂肪で
未来を変えろ

体づくりには
人生を変える力が
ある

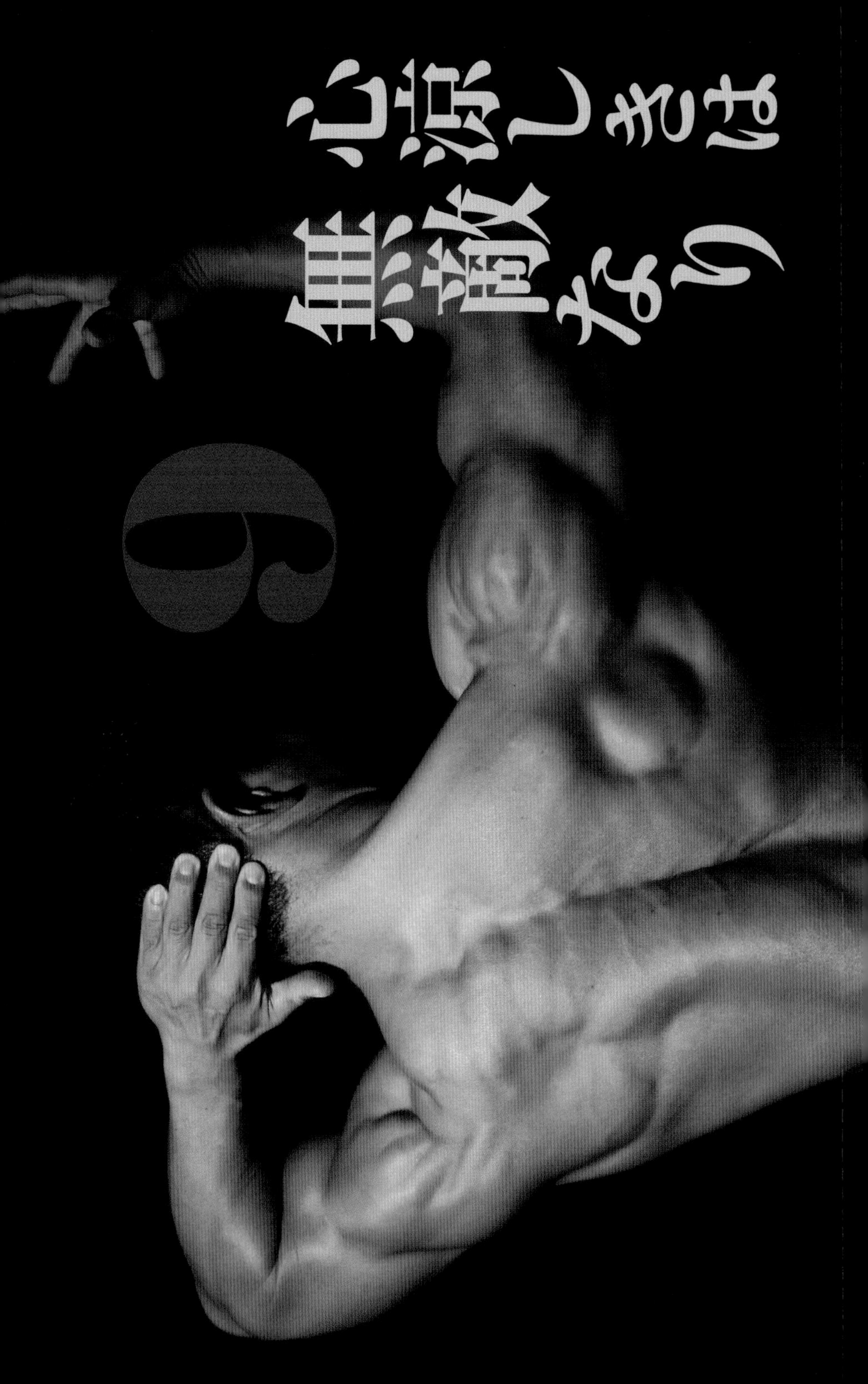
9
心涼しきは
無敵なり

10

真の王様・ブルガリアンで地面を踏み抜け

ブレることない

絶対の
自分軸を持つ

1

2

13

ありのままの自分を認め目標の解像度を上げる！なりてえもんちゃんと見ろ！

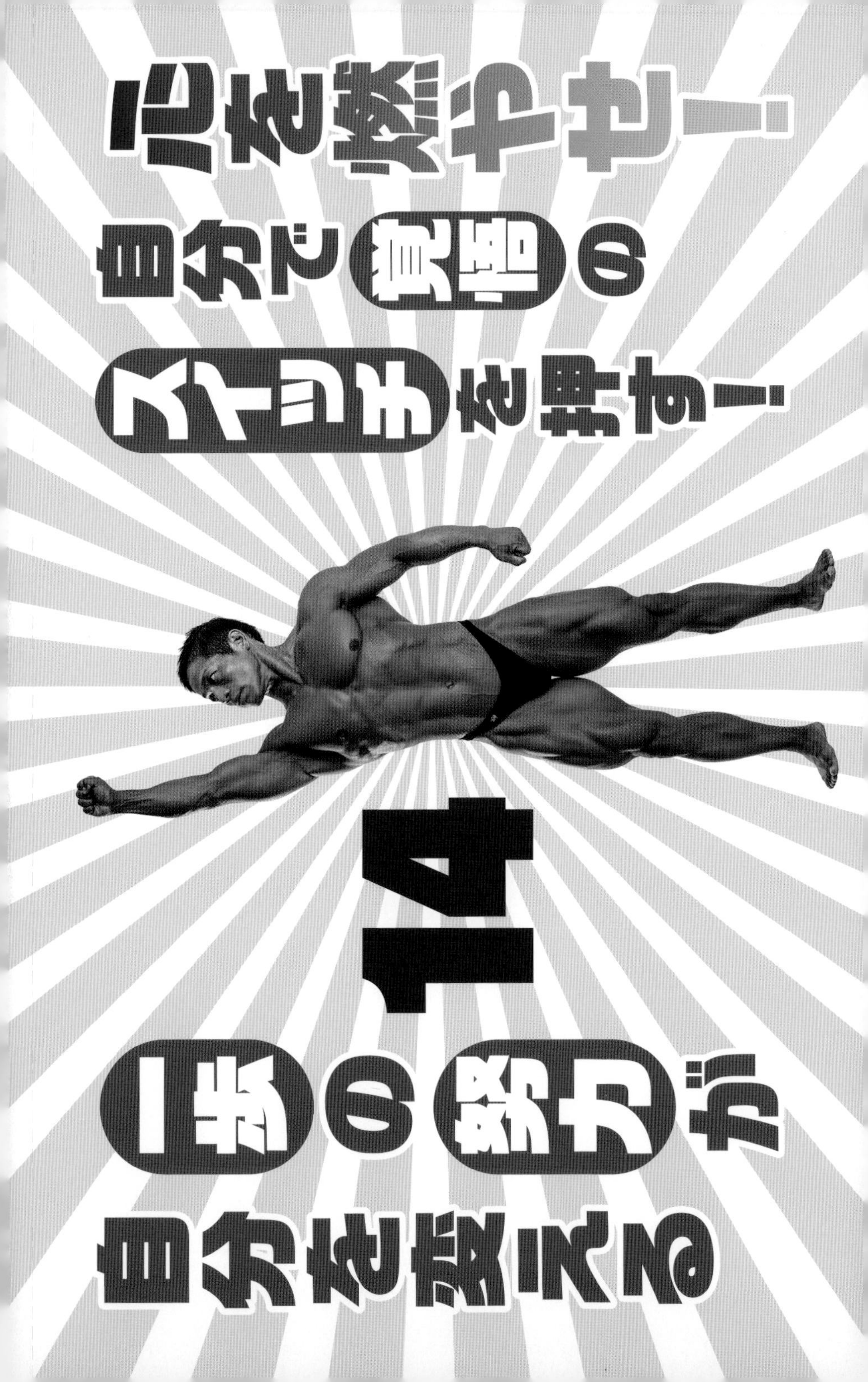
心を燃やせ！
自分で覚悟の
スイッチを押す！
14
1歩の努力が
自分を救える

15

筋肉があれば言葉はいらない

あなたの
努力が
誰かの
価値となる
16

筋肉への愛 17

当たり前ではないこの体

DNAは未だ
サバンナ
18
体を動かし
心をハックすべし!

19
王道を外すな!

筋トレが
一家団欒への
20
架け橋
となる

筋トレは
ストレス社会を

超越する
21
ハック術

動かせ心臓！
燃やし尽くせ
脂肪！
22
刻む
有酸素運動！

23

魅力的なSNSは時に時間を奪う悪魔と化す

偉大なる自然は
太古からの
ジム
24

25
努力の
重みがない
筋肉に
価値はない

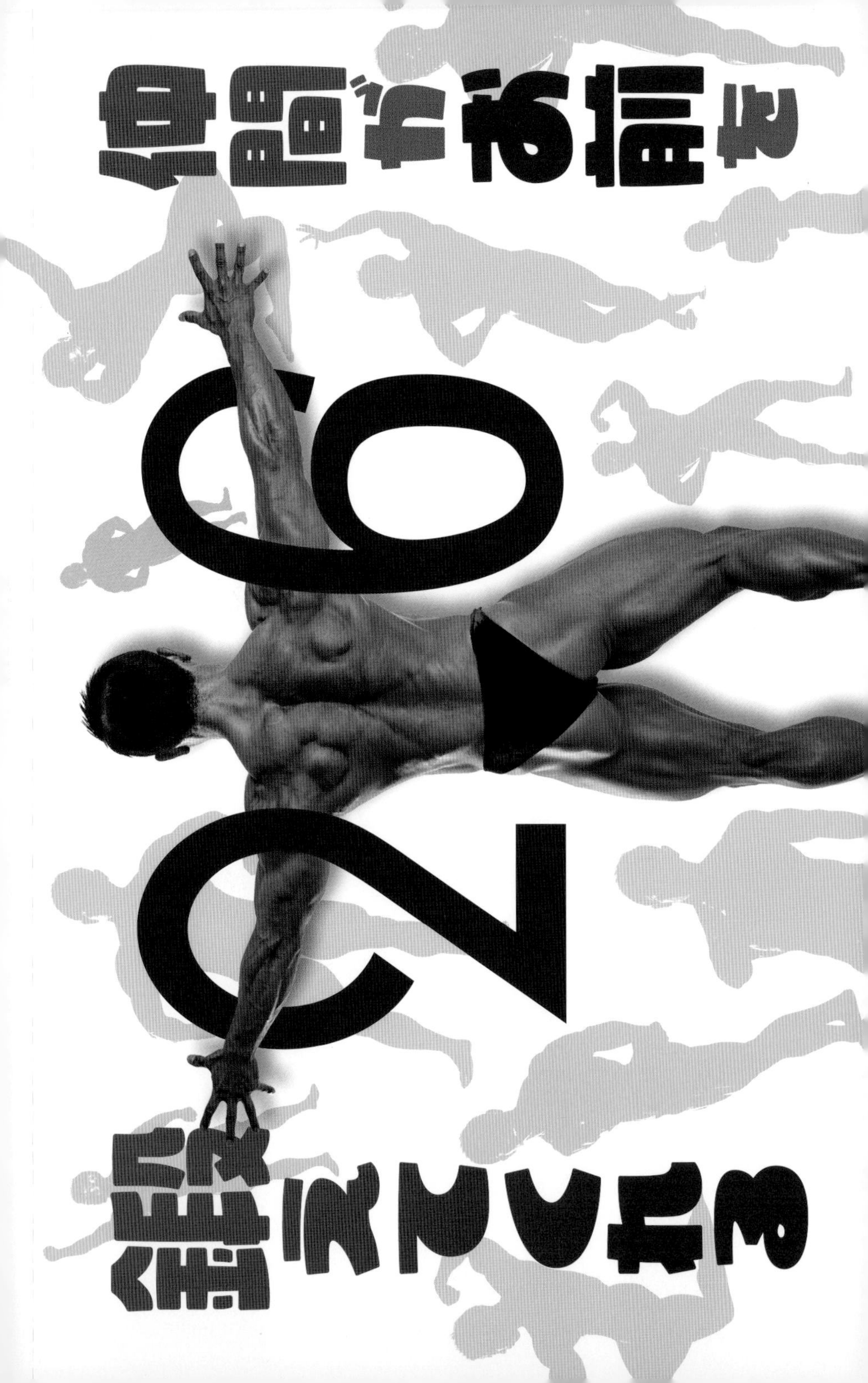

27

悪いのは小麦じゃない 人間の欲だ

信じる心
1つで
人は
強くなれる
28

99
甘い言葉や楽に
立ち向かえるのが
人間の強みだ！

「体重が減ればいい体になる」幻想をぶち壊せ

30

全ては
心
31
やり遂げる心と計画を！